행복한 인생

유영복 시집

책나무출판사

행복한 인생

초판 1쇄 발행 2022년 10월 24일

지은이 유영복

펴낸이 임병천
펴낸곳 책나무출판사
출판신고 2004년 4월 22일 (제318-00034)

주소 서울시 영등포구 신길3동 325-70 3F
전화 02-338-1228 **팩스** 0505-866-8254
홈페이지 www.booktree.info

ISBN 978-89-6339-689-7 03810

*이 책은 산청군에서 출판비의 일부를 지원받아 제작되었습니다.

시인의 말

세 번째 시집 '행복한 인생'은
나의 마지막 책이 될 수도 있다고 생각하며
시를 쓴다.

독자들에게 조금이라도 감동을 주고
영혼을 깨우는 시를 남기고 싶다.
그래서 부끄러워 누구에게도 상세히 말하지 않았지만
제2부 '어느 여름날의 특별한 체험'을 게재하고자 한다.

그리고
사랑하는 가족들에게 고마움을 전하며
이 시집을 들려주고 싶은 이야기로 남긴다.

2022년 지리산이 가까운 마을 산청에서

유영복

목차

시인의 말 · 5

1부 · 봄

봄이 다가오다 · 10 / 어느 봄날 풍경 · 11 /
백목련과 자목련의 동행 · 12 /
한 점 바람 되어 흔들리리라 · 13 / 내가 좋아하는 계절 · 14 /
산청장날, 봄 · 15 / 우리들 4월의 만남 · 16 /
나비는 스스로의 힘으로 날 수 있다 · 17 /
모나크나비의 천적 방어 · 18 /
모나크나비의 귀소본능 · 19 / 고목의 새 가지에 꽃이 피다 · 20 /
고통 없이 피는 꽃은 없다 · 21 / 행복한 인생 · 22 /
봄날은 간다 · 24 / 능소화 · 25 / 봉선화 추억 · 26 /
복숭아 서리 · 28 / 버섯 4 · 29

2부 · 귀촌

여름은 밤이 아름답다 · 32 / 퇴직 · 33 / 귀촌 · 34 /
반의 졸혼 · 35 / 혼밥 · 36 / 인생을 기뻐하고 즐거워하자 · 37 /
텃밭은 나의 고향 · 38 /
텃밭 농사는 야생동물 허락이 필요하다 · 39 /
가뭄 속 비의 노래 · 40 / 아침의 가슴 설렘은 축복이다 · 42 /
여름철 풋고추와 멸치젓갈 · 43 /
자연인이고 싶다 · 44 / 꿈의 동산 · 45 / 성당 가는 길 · 46 /
어느 여름날의 특별한 체험 · 48 /
경호강둑에 앉아 위로받다 · 55 /
두 눈을 다시 뜨고 싶다 · 56 / 한 떨기 아름다운 꽃 · 58

3부 · 지리산

사과 · 60 / 산국 · 61 / 황매산 억새 · 62 /
외로운 소녀의 책갈피가 되고 싶다 · 63 /
늦가을에 너무 애쓰지 말자 · 64 /
지리산 들국화 · 65 / 지리산 · 66 / 감나무 · 67 / 전사 확인증 · 68 /
곶감 · 70 / 노송은 우리 할아버지 · 71 / 이기적 유전자 · 72 /
솔로들에게 · 73 / 지병 · 74 / 한밤중 응급실 풋내기 의사 · 76 /
시를 짓는다는 것 · 77 / 사람은 누구나 혼자이고 외롭다 · 78 /
산다는 것 · 80 / 부산 가는 버스 · 82 /

4부 · 지구별과 생명

오래된 책 · 84 / 그 사람 · 85 / 딸들에게 · 86 / 노팅엄의 가을 · 88 /
요다의 노후 · 89 / 애완동물의 마지막 순간 · 90 /
플라스틱 · 91 / 세상을 바꾸는 코로나19 · 92 / 오미크론 · 93 /
겨울밤 찾아오는 달님 · 94 / 지구의 눈물 · 96 /
마음속 우주를 깨워야 할 때이다 · 98 /
높은 산꼭대기에는 큰 나무가 없다 · 99 /
세상에서 가장 어려운 일, 용서 · 100 / 순환하는 생명 · 102 /
돌아갈 곳이 있으면 좋겠다 · 103 /
양지바른 곳에 누워있으리 · 104 /
손자와 카드게임 한판 · 106 / 기후재앙을 극복할 수 있을까 · 107

시평

존재의 기록과 시적 자의식 **시인 · 문학평론가 우영규** · 110
'어느 여름날의 특별한 체험'
천주교 마산교구 원로사목자 유영봉(야고보) 몬시뇰 · 136

1부 · 봄

봄이 다가오다

빈들에 보리가 파릇파릇하고
물기 젖은 풀들이 생기로워진다

마을 앞 실개천에 얼음물이 흐르고
버들강아지에 꽃이 피면서
봄은 가까이 다가온다

남쪽으로부터 훈풍이 부는 날
매화가 만발하고
봄비는 그리움을 데리고 온다

늦은 밤 달님이 찾아오는 날에는
불현듯 님 그리워
가슴에 한 그루 복사꽃 피운다

어느 봄날 풍경

눈이 부셔 느지막하게 일어나
창문을 여니 상쾌하고 조용한 아침이다

어제 한밤중에
낮은 울림이 느껴졌는데
남쪽 냇가 버들강아지 피어나고
뒤뜰 매화 터지는 소리인가 보다

멀리 높은 산 적설은 어느덧 사라지고
실개천에 흐르는 물이 점차 불어나니
꽃들이 울긋불긋 피어난다

노랑나비 한 마리가 나풀거리며
그리움의 향기를 향해
내 마음도 싣고 멀리 여행을 떠난다

백목련과 자목련의 동행

동네 언덕의 고목 백목련 자목련
둘은 어릴 적부터 친구였다

매년 춘분이 오면
그때 그 자리에서 만난다
백수는 먼저 와서 기다리고
자수는 힘껏 뒤따라오고
꽃 색깔과 모양이 서로 다른 게
함께 피어나 더욱 아름답다

여름에 거센 비바람과 태풍이 불면
백수가 막아주고
겨울 시베리아 혹독한 찬바람은
자수가 막아준다

다름이 크면서도 조화로우니
아름다움이 더욱 빛난다

한 점 바람 되어 흔들리라

햇볕 좋고 바람 잔잔한 봄날 오후
남풍에 그리움이 밀려와
도저히 감당하기 어려우면
한 점 바람 되어 이곳저곳 떠돌다가
님의 정원에 머물며
졸고 있는 당신의 방 창가에서
당신 모습 바라보며
하염없이 기다려도 알아보지 못하면
당신, 목련꽃을 흔들리라
당신을 깨우듯
가만가만 흔들리라
좀 많은 꽃잎 떨어졌거든
사랑하는 님이 왔다 간 줄 아시기요

내가 좋아하는 계절

내가 좋아하는 계절은 봄이다
겨울의 얼음이 녹은
물기 젖은 언덕에서 돋아 나오는
파아란 새싹은
마음속에 또 하나의 싹을 키운다
그들이 조금씩 자랄 때마다
마음속 새싹들도 조금씩 자란다

새싹 속에는
겨울 내내 몸져누워 있다가
바람 없는 따뜻한 봄 햇살을 받고자 나와
오랜만에 세상과 마주하는
안도감 소박함이 머무르고 있다

내가 좋아하는 계절은
회색 언덕에 파아란 새싹이 돋는 봄이다
배고픔과 병고의 긴 터널을 지나
세상과 다시 만나는 생동감
살아있음의 벅찬 기쁨이 가득하다

산청장날, 봄

야생화를 비롯하여 봄꽃이
시장 모티 길가를 가득 메웠다
연신 이름을 묻기도 하고
소담스럽게 핀 봄꽃처럼
도란도란 소박한 이야기꽃이 핀다

이웃집 아저씨 아주머니
그리운 어머니의 모습
지리산 골짜기
남해바다도
시장에서 만날 수 있다
가장 아름다운 시절의 풍경을
향수로 허기진 가슴에 담았다

내 인생의 가장 행복한 한순간도
봄날 그 시장바닥에 담겨졌다

우리들 4월의 만남

4월이 오면 우리는 매년 만난다
살아온 이야기 밤새워 나누고
고함지르다 노래도 하고
다음날 아쉬움을 뒤로하며
만남을 기약하고 헤어진다

올해도 모임이 취소되었고
언제 가능한지도 모른다
지난해부터 얼마나 기다려 왔던가
이산가족들처럼
안타깝고 그립고 애달프다

코로나19로 인하여
우리들 가족 친구 만남이
이토록 소중한 줄 비로소 알았다

나비는 스스로의 힘으로 날 수 있다

고치 속의
번데기에서 깨어나는 나비는
스스로 고치를 뚫고 나와야
제대로 완전하게 날 수 있다
사람이 작은 구멍을 넓혀줘
밖으로 나오는 나비는
완전하게 날지 못한다

깨어난 나비는
고치를 갉아 나오려고 애쓰는 동안
날개의 힘이 길러지고
물기가 알맞게 말라
스스로의 힘으로 날 수 있다

자식을 사랑한다면
혼자 날 수 있는 나비처럼
돌보아야 한다

모나크나비의 천적 방어

모나크나비(제왕나비, Monarch Butterfly)는
멕시코에서 겨울을 보낸 후
봄에 다시 캐나다와 미국으로 돌아와
밀크위드(milkweed)에 알을 낳는다

부화한 애벌레는
이 풀의 유독성 유액을 먹고
자신도 독성을 지니는데
천적인 작은 포유동물과 새들로부터
자신을 보호하는 방어 수단이 된다

백신을 인간처럼 현명하게 만든 나비
약과 독은 하나이며
생태계가 잘 보존되어야 하는
신비로움이다

모나크나비의 귀소본능

캐나다 남부와 미국 동북부에 사는
모나크나비는 겨울을 보내기 위해
그들이 한 번도 가본 적이 없는
멕시코 중부까지 약 2천 마일을 날아간다

멕시코에서 겨울을 보내는 동안
제왕나비는 죽고 다음 세대의 나비가
봄이 시작되면
다시 캐나다와 미국의 동북부를 향하여
날아오기 시작한다

귀소본능이 유전되어
어미의 고향을 알고 있을까
고향을 향한 그리움, 향수병은
다른 것으로 결코 대치될 수 없는가 보다
이산가족의 슬픔이 헤아려진다

고목의 새 가지에 꽃이 피다

봄이 되면
벚꽃이 가득 피는 사천 선진리공원
고려 할아버지가 성을 쌓고
조선시대에 왜군이 살았으며
강점기에 벚나무를 심었고
근래에 다시 벚나무 심어 가꾸니
벚꽃 천지 사람 천지 되었네

어느 봄날 공원을 홀로 걷다가
100년 고목의 작은 새순에서
꽃이 핀 것을 보니
어린 손주 보듯
반갑고 아름다워 쓰다듬고 입 맞추었네

육십 세에 우리도 저 벚꽃처럼
아름다운 청춘의 꽃을 한번 피워보세

고통 없이 피는 꽃은 없다

매섭게 추운 긴 겨울을 지나야
따뜻한 날이 오면 꽃이 피듯
고행의 긴 터널을 지나야만
운명의 봇짐이 가벼워지는 민초들

가뭄과 천둥 번개를 품었기에
꽃이 피고 열매가 익어가듯
고통을 품고 너의 꽃을 피워라
고통 없이 피는 꽃은 없다

고통을 품고 피우는 아름다운 꽃은
오직 너만 할 수 있는 일이기에
뜻깊은 삶으로 인도할 것이다

행복한 인생

세상에 필요 없는 사물 없고
쓸모없는 사람 더욱 없다
사람은 생태계 금수저로 세상에 왔으며
사람마다 부여받은 소임은 다르다

수많은 종류의 꽃 색깔처럼
사람도 다양해야 하늘의 뜻이 이루어지고
세상이 더욱 찬란하고 아름다워진다

봄이 오면 산야의 풀과 나무들이
울긋불긋 다양한 꽃을 피우듯
재주껏 자기만의 독특한 꽃을 피우면
훌륭한 삶이 될 것이다

아름다운 행성 지구별을 아끼고
맑고 투명한 자신의 삶을 사랑하며
이웃과 함께 나누는 인생은 금상첨화이다

삶이 마무리되기 전

하늘과의 비밀 대화를 알 수 없기에
너의 인생이 행복한지는 하늘 외는
누구도 알 수 없다

봄날은 간다

봄날은 하염없이 가고 있지요
안타깝게도

마음은 청춘인데
몸은 그렇지 않은 게
안타까움을 더 크게 느끼게 하지요
젊음도 사랑도
꽃잎 떨어지듯 모두 지고 있어요

하늘이 정한 규율은
변함이 없음을 잘 알지요

가을 단풍처럼 잘 익어
어둡고 추운 긴 겨울을 무사히 넘겨요
다시 시작될 또 다른 세상의
봄날을 위해

능소화

한여름의 전령 능소화
돌담을 따라 핀 당신이 있기에
그 여름은 참 아름다웠습니다

하나둘 떨어진 꽃잎 위로
한 걸음 두 걸음
멀어져 가는 그대만큼
우리의 세월도 많이 흘렀습니다

여름이 오면
돌담길 꽃잎이 모두 질 때까지
발걸음을
혹시나 하고 기다려 봅니다

올해도 어김없이 핀 능소화
나는 알고 있다네
그대의 가슴에도 그 꽃이 핀 것을

봉선화 추억

어릴 적 고향에는
봉숭아꽃이 피는 집이 드물게 있었고
마을은 한철 내내 분홍으로 물들었다

해거름 때
아씨들이 우물가 집 대문 그늘에 모여
온갖 수다를 떨면서
가득 딴 봉선화로
손톱을 서로 감싸주며 물을 들였다
다음날 손톱을 서로 자랑하며
그 위에 까만 연탄을 다시 문질러
광택을 내기도 하였다

외로운 봉선화는
손톱을 붉게 하여 우아해지고
사랑을 얻고
화병을 치유하고
마음도 함께 분홍으로 물들여
화목하게 하는

우리 동네 마술사였다

올해 봉선화를 보니
그들의 수다와 밝은 웃음소리가
그리움 되어 아름답게 다가오고
손톱이 물들 듯 마음을 붉게 물들인다

복숭아 서리

모내기가 끝난 들은
줄을 잘 맞춘 병사들처럼
개구리 나팔 소리에
벼가 활기차게 움직인다

반딧불이 나르는 밤에
우리는 논둑을 살금살금 기어
울타리 넘어 복숭아 따서
솜털을 논물에 씻어 입에 베면
물기 가득한 향기로움은
첫 키스의 감미로운 그 맛
이곳이 무릉도원이다

이제 아이들은 사라지고
멧돼지가 대신 서리 흉내 낸다

버섯 4

부끄러움이 많아
비 온 후
숲속에 숨어
나무에서
땅에서
밤새 살며시 얼굴 내밀고
곧 숨어버리는 모습이
갓 시집온 새색시 같기도 하고
아름답고 경이롭다
미인박명
너를 두고 하는 말이었구나

2부

귀촌

여름은 밤이 아름답다

아카시아 찔레꽃이 지고
밤꽃이 피기 시작하면
어두웠던 동네가 훤해진다

이슬비 내리는 날
푸른 잎이 자라는 소리
밤새 개구리 맹꽁이 울음소리
풀벌레 소리에 생동감이 넘친다

천왕봉에서 대원사를 지나
살며시 불어오는 솔바람
맑고 시원한 공기흐름을 받아들이면
산사의 목탁 소리 들린다

헤아릴 수 없는 별세상이 있기에
여름은 밤이 더욱 아름답다
밤새 나의 별에 다녀올까

퇴직

가볍다
나의 나무도 낙엽 되어
찬바람에 모두 사라졌다

해방이다
하늘을 날자
새로운 삶의 시작이다

귀촌

고향에서 살고 싶어
지리산 자락으로 왔다
내가 꿈꾸던 풍경으로 가득 찬 산골로 왔다
느리고
자유롭고
능동적인
삶을 꿈꾸면서

산 강 들
하늘과 별
이제부터 너희들과 동행 길 친구이고 싶다

절반의 졸혼

퇴직 날 지리산 부근으로 왔고
아내는 도시에서 손주 돌본다

집안일 통틀어도 직장일보다 여유롭다
배고프면 먹고
잠 오면 자고
추울 때는 주위 산책하고
더울 때는 텃밭과 강으로 가고
딱히 내일 꼭 해야 할 일은 없다

자율주행이 넓어진 세상에서
지리산을 스승으로 모시고
열심히 공부한다

텃밭의 작물과 친구가 되어
자유롭고 평안하다
그런데 날이 갈수록
아내와 함께 사는 평화로운 꿈을 꾼다

혼밥

식당의 많은 메뉴가 2인 이상을 요구하고
혼자는 요금을 더 받기도 한다
오늘 자주 가는 어탕국수집에 갔는데
이제 2인 이상이라야 먹을 수 있다고 한다
사정하여 마지막 식사를 하였다
쓸쓸하다
외롭다
안 그래도 눈치 보며 먹었는데
코로나19와는 관련이 없겠지
이전에도 판매하였으니
1인 가구 수가 31.7%라는데 눈칫밥 먹는 사람 많다
밥은 가족이나 친구와 함께
즐겁게 이야기 나누며 먹어야 맛있지만
그럴 수 없는 사람도 많다
혼자서 눈치 안 보고 먹는 밥 한 그릇
외로운 사람을 위한
따뜻한 밥 한 그릇이 크게 보이는 날이다

인생을 기뻐하고 즐거워하자

젊은 시절을 지나고 보니
억울한 게 많다
먹고 싶은 것 먹고
입고 싶은 것 입고
가고 싶은 곳 가면서
기뻐하고 즐거워하자

마음 또한 아끼지 말고
마음속에 넣어둔 사람 사랑하고
그리운 사람 만나고
하고 싶은 일 하면서
기뻐하고 즐거워하자

인생은 한 번 가면 다시 오지 않는 것
누구를 위해 끝끝내 아껴두려 하나
이제 인생을
기뻐하고 즐거워하자

텃밭은 나의 고향

귀촌한 지리산 주위
강과 산을 구경하고
꽃과 풍경을 카메라에 담았지만
아침만 되면 나가고 싶은데 갈 곳이 없어
놀이터를 구했다

직장에 출근하듯 매일 텃밭으로 간다
자라는 유실수
오이 가지 토마토 호박 고추 수박 옥수수가
귀엽고 마음을 설레게 한다
텃밭에서도 자라고
내 마음속에서도 자란다

텃밭은 나에게
놀이터이며 고향이다

텃밭 농사는
야생동물 허락이 필요하다

봄이 왔다
무엇을 심어야 하나
지난해 배추 농사는 고라니와 나누었다
고구마는 멧돼지
옥수수는 까치 다양한 조류
붉은 토마토 고추 수박도 미확인 친구에게
허락받아야 한다

이른 봄 고라니 한 마리가
처음 보는 올가미에 걸려있었는데
며칠 후 갔더니 사라졌다
시원하면서도 안타깝다
농사만 짓지 않으면
그 녀석들 우아하고 귀여운데

만물을 사랑한다는 것은
혼자서 무소유로 살아야 하는 것일까

가뭄 속 비의 노래

온 세상이 비를 기다린다
텃밭의 작물들이 타고
내 가슴이 타들어 간다

부스럭거리는 작은 소리에도
한밤중에 님을 기다리듯
수차례 창밖을 내다보고 또 본다

드디어 한 방울 두 방울
유리창을 두드린다
비다!
님이다!
창문을 열고 하염없이 바라본다
점점 거세지는 빗소리가
아름답고 신비스러운 비의 노래로 흐른다
어둠 속에서 소리만으로도
그들 하나하나의 모습이 그려진다

억누르고 있던 답답함이

안개 사라지듯 빠져나가니
가슴이 따뜻해지고 기운이 넘치고
만물이 생기롭게 깨어난다
지금쯤 텃밭의 자식들도 기뻐 날뛰겠지

밤이 깊도록 창가에서 듣고 느끼다가
흐뭇한 마음으로 새벽에 잠이 든다

아침의 가슴 설렘은 축복이다

따뜻한 봄날 텃밭에
오이 가지 토마토 고추 호박 수박 참외
박 옥수수 고구마 방아풀 모종을 심었다

매일 가꾸고 물 주니
자라면서 꽃피고 열매를 맺는 게
작물마다 독특하고 아름답다

아침에 일어나면 궁금하다
어떤 모습으로 얼마나 자랐을까?
눈에 어른거리는 손주의 재롱만큼
그들이 가슴을 설레게 한다

작물들이 나를 부른다
텃밭과의 녹색 끈이 하나 이어져
매일 변모하는 그들과 순간순간 소통하는
아침의 가슴 설렘은 축복이다

여름철 풋고추와 멸치젓갈

작은 흰 꽃이 지면서
매달리는 고추는 매일 쑥쑥 자란다
텃밭의 무농약 풋고추와 멸치젓갈로
맛있게 저녁 식사를 한다

풋고추와 멸치젓갈에서
어린 시절과
고향의 여름 향기를 맡으며
나도 모르게 미소 짓는다

자연인이고 싶다

익어간다
가을날 지리산 단풍잎처럼 짙게 익는다
나는 무슨 색깔이고 어떤 냄새일까?

틀을 벗어나 새로운 세상을 살아간다
서투른 모습을 거울에 비추어 보면서
혼자 미소 짓는다

생존에 꼭 필요한 것
더하기 빼기만으로 단순하게 살아가자
오늘도 자연인이기를 바라면서
텃밭으로 간다

텃밭에서 일하며 땀에 젖은 옷으로
마트에 가고
식당에서 점심 먹고
편안하게 동네를 활보하며 살아간다

꿈의 동산

텃밭에 꿈을 심는다
사계절 꽃이 피고 열매를 맺는 낙원이다

나와 가족이 먹고 싶은
다양한 유실수와 작물을 가꾸면서
매일 그들을 보면
무엇을 요구하는지 알게 되고
내가 필요함을 느끼며 사랑스럽다

모닥불 피워 가족 친구들과
풍성한 텃밭 수확물 요리로
즐거움을 함께하고 산물을 나누고 싶다

훗날 함께 나누었던 축배의 잔을 기억하며
먼 길 떠날 수 있기를 기도한다

성당 가는 길

초등학교 시절 동네 친구들과
십 리 길 걸어 성당에 가면
로사 선생님, 수녀님이 반가워해 주고
이탈리아 신부님은
안녕하십니다로 인사를 받았다

겨울방학 동안
어머니의 칭찬에 넘어가
친구 한두 명과 새벽 미사를 갈 때면
볏짚을 묶어 횃불을 만들기도 하고
어느 때는 횃불 없이 캄캄한
대숲 모퉁이 자갈길을 돌아
열물다리 지날 때
다리 밑에는
많은 촛불들이 바람에 꺼질 듯 말 듯
혼 불의 강이 되어 흐르고 있었다

신께 비는 중얼거리는 소리
느리게 움직이는 검정색 모습들이

지옥사자와 같았고
연옥의 긴 외줄 다리를 건너는 듯
다리에서 떨어지면 지옥
건너면 천국의 느낌을 받으며
동상은 아랑곳하지 않고
땀을 흘리며 밝고 따뜻한 성당으로 갔다

부끄럼이 많고 자신감이 없었는데
달맞이꽃에게 달이 있듯
나에게는 안식처 성당이 있었다

어느 여름날의 특별한 체험

이십 대 끝 무렵 백수 시절
어느 무더운 여름날
진주 칠암동 성당에서 열리는
성령세미나에 참석하였는데
믿음보다 성령에 대한 호기심이 더 많았다
내가 만약 소설을 쓴다면
요즘 많이 유행하는 성령에 대한 것을
포함해야 한다는 막연한 생각이었기에
무엇인지를 알고 싶었다

우리 조는 방이 높은 종각에 있었기에
마치 고층 아파트에 살듯
잠을 자며 바람 소리를 듣곤 하였다

일주일 동안 외부와 차단된 상태에서
세상의 굴레에서 벗어나
자유로운 마음으로
고요하고 희미한 촛불 아래에서
기도를 올렸다

아니 묵상(명상)에 잠겼다
나의 삶
나를 억누르는 검은 구름들
내 마음을 홀랑 뒤집어 보았다
면담 고해성사를 통해
부끄러워하고 양심에 가책을 느끼고
누구에게도 말할 수 없는
그러면서도 내 마음을 항상 찌르는
일들에 대해 용서를 구하고
다시 되풀이하지 않겠다고
한밤중 고요한 성당 안에서
하느님께 맹세를 하면서
성령이 임하길 기도했다

점점 빠져들기 시작했다
담장 밖 세상일이 점점 멀어지고
가슴을 조이던 일들이
하나의 마음속 벽을 통과하면서
작은 소리로

하잘것없는 작은 일들로 전달되었다
시간이 촉박하다는 생각이 들고
안일하게 아까운 시간을
흘려보냈다는 생각에
후회스럽기도 하여
밤에는 성당 안에서 오래도록 묵상에 들었다
공동 모임 시간 외는 거의 모든 시간을
성당 안에서 홀로 묵상에 빠졌다
마음대로 수시로 묵상에 잠길 수 있는
넓고 고요한 성당 안
고목
넓은 잔디밭
높은 종각 방

성당 밖 일이나
옆 사람들의 이야기도
하나의 벽을 통과하여 오는
모든 것으로부터 차단되어진 상태로
점점 빠져들었다

우리 조는 방이 높은 종각에 있었기에
잠을 자며 바람 소리를 자주 듣곤 했다

드디어 마지막 전날 초저녁
촛불 아래에서 안수받을 때
옆에서 들리는 기도와 성가에 맞추어
무언가 말하고 싶은 진한 충동을 느끼면서
나의 의지와 상관없이 벌떡 일어나면서
순간적으로 아- 아-
고함을 지르고 졸도하면서
그 바람소리를 들었다
고층빌딩의
고층 아파트의
높은 종각의
그 바람소리와 유사하면서
호루라기 소리 같은 맑은 휘파람 소리이며
짙은 하늘색 유사한 푸른색 호롱불이
바람에 흔들리며
함께 들리는 바람 소리이며

귀뚜라미 울음처럼 점점 낮게 그치는
높은 소리에서 점점 낮아지고
느려지며 그치는
그 바람 소리였다

같은 조 동료들이 깨워
한참 후 정신이 들었을 때
안수 행사는 모두 끝나있었다
가슴에는 다소 뜨거움이 느껴지고
차갑고 어둡고 마음을 누르고 있던
가슴의 응어리가
안개처럼 느리게 조금씩 빠져나가면서
밤새 내내 가슴이 따뜻하고도 시원하고
맑은 샘물이 졸졸 흐르면서
마음이 가벼워지고 기운이 넘쳐흘렀다
착각인가 싶어
잠자리에 드러누워 있다가
다시 몇 번이나 일어나 앉아
가슴에 손을 얹어 보아도

평소와는 확실히 다르게
다른 부위보다는 더 따뜻하고
가슴 응어리가 사라지며
물이 졸졸 흐르듯
떨리는 움직임이 있었다
여러 번 확인을 해도 분명히 달랐다
하느님 감사합니다

그날 저녁과 그 후 얼마간
그 바람 소리와 유사한 소리를 들을 때마다
다시 졸도하지 않으려고 애쓰면서
그 날을 생각했다
그 바람 소리 호롱불이 무엇이든
막힌 가슴이 뚫리고 건강해지고
마음이 해방되고 즐거워진
그 여름날의 특별한 체험은
내 인생에서 가장 특이하고
신비스럽고 행복했던
잊을 수 없는 날들로 기억된다

*성령 세미나 이후 결혼하고 직장생활을 하면서 회사에 10년 정도 다닐 때까지 성당에 다녔지만 그 후 지금까지 쉬고 있다. 이제 시간적 여유로움으로 가끔 그날이 생각나곤 한다. 아직 누구에게도 구체적인 체험을 상세히 말한 적이 없다. 어쩌면 알려야 한다는 의무감이 마음속에 자리 잡고 있는지도 모른다. 나 스스로 생각해도 하느님의 뜻과는 전혀 어울리지 않게 살아왔다. 내가 만약 내일 죽는다면 가장 후회스러운 것은 사랑하는 어린 손주들이 안타깝게도 전혀 기도 방법을 모르는 것이며, 책임을 통감한다.

경호강둑에 앉아 위로받다

경호강은 남덕유산 참샘에서 발원하여
백무동 칠선계곡을 만나
산청 복판을 굽이굽이 흐른다

여름 해거름 때 강둑에 앉아
흘러가는 맑은 강물 옆에서 한없이 멍 때리면
지리산의 사계절을 품고 흐르는 강물에서
계곡에 녹은 사람들의 이야기 들려온다
물고기 잡는 다양한 새들
낚시꾼과 물고기의 사랑놀이
래프팅 즐기는 젊은이들의 풍경이
더위 가져가고
강물 따라 근심 걱정도 흘러가 큰 위로를 받는다

많은 골짜기의 물이 구분 없이
진양호와 남해바다를 이루듯 편 가름 없이
자유롭게 살아가고 싶다

두 눈을 다시 뜨고 싶다

오랫동안
두 눈감고 외면하며 어긋나게 살아왔다

몸속 돌이 움직여 배가 아파 고통스러울 때
비행기 탈 때
신께 맹세를 남발했지
어긋남에 대해 용서를 구하고
눈을 뜨겠다고

쌓이고 쌓여
가슴에 멍울져 세월 가며
차가운 큰 바위가 되었다

이제 다시 오래도록 깊게 생각해 보면
성령이 있으면 종교 교리가 일리가 있고
악령, 천국 지옥이 존재한다고 느껴진다

마음속 희미한 불씨를 살려
차가운 바위를 녹여 밖으로 조금씩 밀어내고

따뜻한 품속으로 돌아가서
두 눈을 다시 뜨고 싶다

한 떨기 아름다운 꽃

지리산 칠선계곡
하늘이 보내준 이슬 먹고
밤낮으로 맑은 물소리 들으며
한여름에 홀로 아름답게 핀 나리꽃

오래 기다린 님을 만나듯
안면이 많은 그 고고하고 우아함에
가슴은 떨리고 마음속 미소가 번진다

너도 세상에서 하나밖에 없는
한 떨기 아름다운 꽃이었지

3부

•

지리산

사과

하늘이 높았던 가을날
그대가 주었던 사과는
탐스럽고 먹음직스러웠습니다
매일 그대를 생각하며
첫 선물을 책상 위에 두고 보았습니다

시간이 지날수록
조금씩 그대의 모습으로 변모했습니다
더 이상 기다릴 수 없어
그대를 생각하며
그 사과를 먹었습니다

오랜 세월이 흘렀는데도
가을날 사과를 볼 때면
그때를 생각하며
내 마음속 사과는
그대의 안부를 묻습니다

산국

늦가을 무서리 내린 날
지리산 골짜기 양지바른 언덕에서 만났지

높고 푸른 하늘 아래
짙은 노랑 옷을 입고
고고하면서 진한 향기 내 뿜는 그대
생애 마지막 열정임을
멀리서도 알 수 있었지

수많은 방문객을 맞이하며
마음에 두고 있는 님을 기다리듯
한 시절 지날 때까지
변함없이 은은한 향기 흐르네
만인의 연인일세

황매산 억새

높고 푸른 하늘
살랑거리는 바람 따라 황매산에 올라
넓은 고원에서 온갖 거친 세월을 다 겪은
선인들을 무수히 만났다

풍파가 거세면 은빛 결 따라 허리 굽히고
뭇 생물들의 보금자리로
풀벌레 먹이로 지내며
생이 다함을 묵묵히 받아들인다

바람 따라 춤추는 억새 숲에 편안히 누워
그들의 숨소리 들으면
아름다운 자연의 노랫소리
은은히 울리고
오랜 친구처럼 포근해진다

함께 지내면 세상일에 눈감은 듯
살아가는 너희들처럼
도사가 될 수 있을까

외로운 소녀의 책갈피가 되고 싶다

밤 풀벌레 소리가 요란해지고
한낮은 덥고 까슬까슬하며
들판은 황금색으로 변하고 있다

지난날을 생각하면
후회스럽고 고통스러운 일도 있지만
가뭄과 천둥 번개를 품고 익어가는 밤송이처럼
축복받은 삶이었다

지리산의 단풍처럼 아름답게 물들어
온갖 어려움을 안고 가난하게 태어나
희망을 품고 죽을힘을 다해 살아가는
외로운 소녀의 무지개 책갈피가 되고 싶다

늦가을에 너무 애쓰지 말자

떠오르는 밝은 해보다
으스름하게 지는 해가 더 좋다
꽃이 지려는 맨드라미도
낮게 나르는 고추잠자리도
해거름을 즐기고 있다

무엇을 해야 하고
무엇을 남기기 위해
늦가을에 너무 애쓰지 말자
질그릇이 저기 서 있듯
소나무가 태풍을 맞고 비스듬히 있듯
지는 해를 보며 그냥 있자

큰 인연으로 이곳에 온 것도 행운이고
살아있는 것만으로도 축복이다
아름다운 노을처럼 잘 익으면 된다

지리산 들국화

가을이 무르익은 맑은 날
거친 빈 산비탈을 가득 메우고
무서리 머금고 피어나는
지리산 언덕의 한 무리 들국화

찬 비바람에 어머니의 정원*에 핀
많은 꽃들이 모두 떨어져도
작은 꽃 당신은 님을 기다리듯
오랜 세월의 흔적인 초연함과
올곧은 여인의 모습으로
은은한 향기를 잃지 않습니다

*어머니의 정원: 산청읍에 위치한 정원이 아름다운 음식점.

지리산

산청
하동
구례
남원
함양의 지붕

시작과 끝이 보이지 않으며
어느 나무가 어디 기둥인지 알 수 없으며
지붕 이슬이 어디로 가는지 알 수 없으며
넓고 깊어 물이 항시 흐르는 곳
헤아릴 수 없는 나무 바위 바람 물
어머니 품에 안겨 젖을 먹듯
수많은 생물이 포근하고 편안해지는 낙원이며
덕을 보며 사는 덕산

나도 지리산 품 안에 들고 싶다

감나무

고향에는 집집마다 감나무가 있었다
초복이 지나면
감을 주워 홍시 만들기 위해
여름방학 내내 아침에 일찍 일어나
동네를 한 바퀴 돌며 감을 주웠다

떫은 감은 서리 내리면 따서
따뜻한 물에 담그면 단감 되고
깎으면 곶감 되고
옹기에 넣어 장독대에 두면서
겨울 내내 홍시를 밤에 먹었다

붉은 감은 나에게 고향이고
행복했던 어린 시절이 녹아있으며
눈 내리는 날이면 홍시가 생각나고
그리운 어머니가 많이 보고 싶다

전사 확인증

계급 일병 군번 022…
위 자는 단기 4283년 12월 27일부로
○○지구에서 혁혁한 공훈을 세우고
애석하게도 전사하였음을 확인함
단기 4290년 1월 25일
육군본부 부관감 육군준장 ○○○

어머니가 가끔 나무 궤짝 안의 훈장을 만지며
우리 영진아 하며 한스럽게 울던 모습
6·25전쟁 일어나기 2주 전에 입대해
내가 태어나기 전에 전사한 장남 스테파노

어머니가 돌아가신 후에
동작동 국립묘지 현충탑에
큰형 이름이 남아있는 것을 알았다

69년이 지난 유월에
아내와 함께 처음으로 형을 만나러 갔다
돌판 위 빽빽하게 나열된 이름들

형 이름을 보니
형님 많이 미안합니다!
천국에서 편안히 잠드소서!
홀가분한 여름이 지나갔다

봄날 한밤중 때문일까
눈물이 자꾸만 고인다
유전자 등록 후 혹시나 하고 기다려본다

곶감

무서리 내리는 늦가을에
밤새며 껍질 깎고 매달면
붉은 보석으로 아름답게 빛난다

굽어진 허리와 아픈 상처들
아랑곳하지 않고
신줏단지 모시듯 백팔 배 한다

찬바람 햇볕 맞이하면
세상에 하나뿐인 달콤한 옹이 되어
살며시 눈이 내리는 밤이면
하얀 입김 서린 모습으로
호랑이도 꼼작 못하게 하지

어디에서든 곶감을 만나면
고향의 향수가 묻어나고
어머니가 그립다

노송은 우리 할아버지

200억 년 전 우주의 대폭발
초기의 불덩이는 별이 되었다
별들 사이에 유기분자들이 떠돌아다녔고
생물의 씨앗 물질은
우주 어디에서나 존재하였다

별 하나에는 생명이 살기 불가능하였고
별 둘에는 살다가 죽었고
별 셋에는 단순한 것이 살게 되었고
별 넷에는 지구처럼 사람이 살게 되었고
별 다섯에는 우수한 외계인이 살게 되었다

산에 가면 오래된 큰 소나무를 안고
하소연하며 위로를 받고 싶다
나무와 인간의 먼 조상은 동일한 핏줄이고
오래된 소나무는 우리 할아버지이다

이기적 유전자

작고 희미한 별 지구
30억 년 동안 진화해 오면서
이기적 생물체만 살아남았다

이기적 유전자는
손해 가는 말과 행동을 하지 않는다
연어의 모천회귀성처럼
기억된 자기만의 방향으로 나아간다
살아남기 위한 몸부림이며
자식을 위한 몸부림이기에 아름답다

위대한 어미는
항상 자식을 위한 삶을 살아가며
무한한 희생은 기적을 낳고
이어지는 탄생은 영혼 불멸에 이른다

솔로들에게

애인은 강가의 무수한 조약돌 중에서
마음에 들어오는 것 중 하나다

가끔 생각해 본다
마지막 조약돌이 처음 것보다 나은 것일까
어쩌면 아닐 수도 있다
첫 조약돌을 가끔씩 그리워하며 살아간다
아직도 호주머니 속에서
어느 것을 가질까 궁리만 하고 있다면
이제 하나를 집안에 갖다 놓아야 한다

만나고 헤어짐의 연속이 삶이듯
우리는 결혼해 오지 않았는가
혼자보다는 둘이 자연스런 삶이기 때문이다

그 운명적인 만남을 위해
조약돌은 오래도록 당신을 기다려 왔다
잊지 말게나
인생은 네가 생각하는 것보다 훨씬 짧다

지병(持病)

직장생활 마무리할 무렵
통증이 심하여 아내와 응급실에 갔다
결혼 이후 잊고 있었던 통증이지만
두 번의 MRI 촬영과 다양한 검사를 하였다

초등학교 다닐 때부터 너무 자주 아파
대학까지 개근을 한 적이 없다
배가 아파 위장이 나쁜 줄만 알고 있었는데
몸속에 돌이 많다고 하였다

원인을 모르는 몸속의 돌은
나의 인생을 많이 바꾸었다
얼마나 많은 밤을 뜬눈으로 보냈으며
그 고통은 많은 것을 포기하게 하였고
내 삶을 뒤돌아보게 하였다

그동안 너무 모르고 지내
미안하네
이제 추우면 성질낸다는 걸 알았네

나의 오랜 가장 가까운 친구 돌이여
이제 나 좀 잘 보아주게나

한밤중 응급실 풋내기 의사

새벽에 배가 아프다
숨을 쉬기 어려울 정도로 아픈 지병이다
119에 신고할까
저 대문만 열면 갈 수도 있겠는데
혼자서 죽을힘을 다해 의료원 응급실에 갔다

풋내기 의사 아픈 병 내력을 듣더니
큰 병원 가서 수술해야 한다면서
진통제 주사도 약도 줄 수 없다네
주면 법에 따라 자기 목 날라 간다네

이럴 수가!
원장에게 가서 네놈 목을 잘라야지
어리석은 놈 네놈도 의사냐
속으로 울부짖으며 돌아왔다
밤새 앓다가 다음날 몸이 나았다
원장실에 아니 간 것이 몇 주 후에 생각났다

시를 짓는다는 것

시를 짓는다는 것은
아주 편안하게 이야기할 수 있는
친구를 두는 것이요

세상 모든 이가 인정해주는
아름답고 우아한
연인을 만나는 것이다

사람은 누구나 혼자이고 외롭다

사귀었던 친구와 등을 지거나
함께 살았던 사람과 헤어지면 쓸쓸하고 외롭다
사람은 누구나 혼자이고 외롭다
외로워서 모여 살고
외로워서 결혼을 한다
도시에서 생활을 하면 사람을 힘들어하고
산에서 혼자 사는 자연인은
즐겁게 살면서 사람을 그리워한다
외딴집이나 작은 산사에서 혼자 밤을 맞으면
불빛 보고 모여드는 수많은 벌레가 친구처럼 느껴진다

사람은 누구나 혼자이고 외롭다
친구나 반려자와 평생을 함께 할 수는 없다
친구나 반려자가 먼저 돌아가거나
몸이 아플 때나
요양원에 가거나
죽음을 맞아 저승에 갈 때도 혼자이다
서로 다른 꿈을 꾸기에
함께 살아도 함께하지 못하는 경우도 있다

빈집의 공허감에서 오는 외로움을 사랑하라
텅 빈 마음의 외로움을 즐겨라
이별을 연습하고 혼자의 외로움을 견뎌내어야 한다
해외나 멀리 떨어져 살면 더욱 외로운데
안면 있는 건 밤하늘의 달과 별이다
달과 별도 혼자이다
오랜 세월 혼자서 빛나고 있다
혼자는 별과 같이 새로운 에너지로 스스로 빛난다
가을날 여행을 떠나
푸른 하늘을 안고 출렁이는 바다를 만나보라

산다는 것

따뜻한 남쪽
맑은 물이 흐르는 강 옆에서
포도나무 가꾸며 님과 함께 살고 싶다
강변 은모래 길 맨발로 함께 걸어 보고
옥수수 먹으며 평상에 누워 별구경하고
포도 수확하여 포도주 빚고
눈 내리는 날 아이들과 눈사람 만들며
잘 익은 포도주를 준비해 두고
멀리서 오랜만에 찾아올 손님을 기다리고 싶다

내가 다시 인생을 시작한다면
지나온 세월과는 전혀 다른 삶을 살고 싶다
귀한 인연으로 세상에 와서
삶의 시작을 내가 선택하지 못했듯이
인생길도 여러 사정으로 뜻대로 선택하지 못했고
운명 따라 죽을힘을 다해 살았을 뿐이다

이것이 산다는 것이고 이것이 인생이다
아직 외롭고 고통스러워 속으로 울어야 하는

일이 많이 남았다
그래도 이 세상에 와서 살게 되어 고맙고
참 즐겁고 아름다운 소풍이었다

부산 가는 버스

직행버스 타고 처음으로 부산 가려고
산청터미널에서 표를 사서 보니
시간이 없다
시간이 없네요 하니
오늘 중으로 이용하면 된다고 한다

좌석번호도 없어요 하니
아무 자리나 먼저 앉으면 된단다

이렇게 세상 물정 모르고 살았나?
사방팔방이 뚫려있는 느낌이다
낯설지 않다
저승 가는 표가 그렇지 않던가

4부

•

지구별과 생명

오래된 책

전공서적 전문서적 시집 교양서적
가족의 책이 혼재되어
무슨 책이 어디 있는지 잘 알 수 없다

아내는 버리려고 내어둔 책을
내 것은 버리지 말라고 당부한다
오래된 시집을 읽을 때면
처음 보듯 가슴이 두근거리기도 하고
가끔 필요한 책은 찾을 때까지
다른 일을 할 수 없다

아내도 나에겐 오래된 책이다
결코 버리면 안 되는
필요하고 소중한 책이다

나도 아내에게 오래된 책으로
소중하게 오랫동안 남고 싶다

그 사람

말없이 오로지 밥만 먹고
한 참 밥 먹고 있는 중인데
밥그릇부터 씻기 시작한다

숟가락으로 밥을 먹다 보면
젓가락이 사라지고
젓가락으로 먹으면 숟가락이 없다
마지막 접시를 드는 순간 한 점 먹는다

9시 뉴스 전에 이미 자고 있고
느긋하게 일어나면 가버리고 없다
하지 못한 말은
오작교에서 견우직녀가 만나듯
핸드폰에서 문자로 만난다

여유로운 노후 보내다가
저승 가는 일은 거북이처럼 느릿느릿
나보다 많이 늦으면 좋으련만

딸들에게

딸들아
인생은 사계절 날씨와 같아
따뜻한 봄날이 있으면
매서운 눈보라 휘날리는 추운 날도 있다

큰 어려움이 생기면
세상에서 가장 귀한 것이
너 자신이므로 건강을 잘 지켜라
하늘은 너의 몫만큼 어려움을 주므로
가까운 사람과 소통하고
언덕에 올라 바람과 하늘을 만나고
넓은 바다를 만나 보아라
나머지는 세월과 함께 응답 하거라

백세 시대에 살기에
지금 네가 있는 이곳이 천국이고
너의 자리가 꽃자리임을 가슴에 새기며
퇴직 후의 새로운 삶을 꿈꾸어라
삶은 생각보다 훨씬 짧다

딸들아

너희들과 함께하는 소풍은 행복하며

고맙고

하느님의 은총에 항상 기도하자

손주들과 함께 기도하라

노팅엄의 가을

실험에 어려움이 생기는 날이면
이 가을에 몸이라도 건강하니까 하는
퍽 다행스런 마음으로
멀리 하늘 아래 고향을 바라봅니다

노팅엄대학교 옆 월라톤 Wallaton 공원의
고요한 숲과 호수
넓고 푸른 잔디밭
한가로이 뛰노는 사슴들
드문드문 여유로운 사람들

푸른 잔디밭에 누워 가을 품속에 잠길 때면
너무나도 그리운 당신
맑은 하늘과 따스한 햇볕은
멀리 있는 당신을 뚜렷이 볼 수 있게 합니다
당신을 떠나온 지 반년이 넘었네요
우리 밤에 달에서 만나요

요다의 노후

요다는 지난해 밥 더 달라고
밥그릇 옆에서 시위도 하였고
우리 집에 와서 오래도록 살았는데
이제 암이 발생하여 병원에도 가고
구석에서 힘없이 겨우 지낸다
같은 방에서 지내는
작은딸이 지극 정성이다

마지막 날 딸은 밤새 울어 눈이 부었다
두 딸이 함께 화장장 가서
유골단지를 안고 늦게 돌아왔다
고양이 요다가 부러운 것은 어쩐 일일까?

떠난 후 몇 년이 지나도
항상 순종과 친밀감으로 따르던
그 귀여움이
앉아 있는 모습이 눈에 어른거린다

애완동물의 마지막 순간

애완동물은 마지막 순간에
자기의 중심으로 여기는 주인을 찾는다
죽음이 슬퍼 자리를 피하는 경우가 많은데
함께 있으면서 위로해 주어야 한다

가족으로 생각하고
마음을 다해 섬긴 주인이
마지막 순간에 함께 있기를 원한다
당신에게 항상 순종하고
그들의 재롱으로 위로받고 즐겁기에
당신의 일부임을 받아들여야 한다

사람이야 오죽할까

플라스틱

바닷가에 가면 시원하지만
구석에는 만물상처럼 가득하다
내가 놀러 가서 먹었던 도시락
아내의 시장바구니
아들딸이 마셨던 커피
손주가 먹었던 아이스크림
지인이 보낸 선물이

없어지는 데 500년이 걸린다니
플라스틱으로 가득하면
물고기도 먹고 우리도 먹게 되겠지
생태계 회복이 불가능하면
네안데르탈인에 이어
현생 인류도 사라지는 걸까

텀블러 머그컵이 너무 사랑스럽다
네가 지구별을 빛나게 하는구나

세상을 바꾸는 코로나19

세상에서 가장 작은놈
눈으로 보이지도 않고 만지기도 어렵고
남한테 빌붙어 사는 기생충 코로나19

인간에게 맡겼더니 말아먹을 형편이라
저놈이 나선 것일까
변덕이 죽 끓듯 하니 죽이기도 쉽지 않다

만남을 막으니 그 소중함을
너무나도 잘 알게 되었고
너와 내가 결코 남남이 아니고
지구는 한 송이 꽃임을 너로 인해
비로소 알게 되었다

오미크론

춥다
낙엽은 찬바람에 흩날리고
된서리에 풀은 죽었으며
새로운 신을 모시는 신도들의 행렬은 끝이 없다

오미크론 행패가 역겨워
옹기종기 모인 양지의 거리는 모두 고개를 숙였다

겨울밤 찾아오는 달님

겨울밤에는 달님이 가끔 찾아온다
어서 와요
그동안 지내온 보따리나 풀어봅시다

네 좋습니다
요즘 새로운 별과 칠성이네 오가면서
공존에 대해 배웁니다
달의 흙과 자원은 오롯이 달에 보존되어야 하는데
탐내는 지구인이 많은 것 같습니다

건배
우주의 공존과 탄소중립을 위하여!
온실가스 제로가 가능할까요?
불편하겠지만 멸종은 막아야지요
지구 표면 온도상승으로 기후변화가 심해
생물이 죽는 일이 많이 늘었습니다
모든 나라가 삶의 방식을 바꾸어야 해요

아침에 일어나 보니

그 아름다운 여인은 보이지 않는다

지구의 눈물

우주에 지구와 같이 다양한 생물이
휘황찬란한 문명을 이룬 별이 있겠지만
결코 흔하지 않을 것이다

코로나19로 많은 즐거움이 줄었고
얼굴을 보지 못하고 부모를 떠나보내며
홍수와 가뭄으로 죽어가고 있다

재앙이 오는 것을 알면서도
마약에 빠져들 듯 환경파괴는 지속되고
뜨거워지고 기후변화는 심해지니
훼손이 더 깊어지면
지구는 다시 벌거숭이가 될 것이다

코로나바이러스19
기후변화는 무엇을 이야기하고 있을까?
깊이 병든 지구의 자정작용이며
멸종을 안타까워하는 몸부림이며
지구의 눈물이다

산업혁명 이전의 자연환경을 기억하고
탄소중립으로 나아가야 하며
조금 더 불편한 생활로 돌아가야 한다

간절히 기도 올리고 싶다
아름다운 천국, 지구별이여 영원하소서!
신이시여, 인간을 불쌍히 여기소서!

마음속 우주를 깨워야 할 때이다

우주 나이는 200억 년
희미한 별 지구는
은혜를 듬뿍 받은 작은 바윗덩어리

인류는 우주의 가장 눈부신 변환물
우주 대폭발의 멀고 먼 후손으로
코스모스를 알고 변화시키고 싶어 한다

밤하늘의 수많은 별과 둥근 달은
무한한 깊은 감명을 주지만
인간의 이기적 욕심으로
지구별은 빛을 잃어가고 있다

기후변화로 어둠이 짙게 내려오는 날
인간은 사라져야 할지도 모른다
빛나는 지구별을 위하여
마음속 작은 우주를 깨워야 할 때이다

높은 산꼭대기에는 큰 나무가 없다

산꼭대기로 갈수록 나무는 줄어들고
다양한 억센 풀들이 자란다
꼭대기에 오르면 바위뿐이고
멀리 아래 세상이 훤히 보이며
마음이 탁 트인다

아주 높은 산꼭대기는
기압은 낮고 산소는 부족하고
극한 추위와 거센 바람으로
매끈하고 아름다운 큰 나무는 버티지 못한다

어떠한 세상에서도
꼭대기에서 살아남으려면
높은 산 억센 풀과 같이 유연하고
바위같이 심장이 단단하며
극한 상황을 수시로 견뎌야 한다
힘들지 않은 높은 자리가 어디 있으랴

세상에서 가장 어려운 일, 용서

남아 있는 날이 얼마일까
아프지 않고 걸어 다닐 수 있고
정신 멀쩡하게 당신을 알아볼 수 있는 날이
얼마나 남았을까

생을 마감하기 전
세상에서 가장 어려운 일이 용서이기에
내가 그어 놓은 마음속 바둑판 선을 없애고
새하얀 도화지로 되돌리자

원한과 복수심은 나를 지옥으로 만들고
풍부한 상상력의 샘을 메마르게 하며
결국에는 벼랑 끝으로 끌고 가서 떨어뜨린다

세상이 등을 돌릴 때
화내거나 슬퍼하지 마라
모든 것을 내려놓고 세상을 용서하라

믿고 사랑했던 사람이 등을 돌릴 때

화내거나 슬퍼하지 마라
땅바닥에 이마를 댄 가장 낮은 자세에서
용서하라

용서는 지옥의 문을 열고 나오는 일이며
자신을 다스리는 주인으로 회복하는 일이며
새로운 나만의 길로 나아가는 것이다
용서가 가져오는
내면의 평화와 자유의 힘을 회복하자

순환하는 생명

서리가 내리고 얼음이 얼었다
나뭇잎은 떨어지고
풀은 죽었으며
동네 어르신의 상여 행렬이 이어진다

봄이 오면
나무는 잎이 다시 자라고
풀은 새로운 싹이 돋아나고
어르신 집 손주는 태어날 것이다

순환하는 생명은 소중하고
지구별은 유일한 생명의 터전이며
탄소중립은 생명 보존의 소중한 보루이다

돌아갈 곳이 있으면 좋겠다

출장 갔다 밤늦게 돌아올 때
수원 부근에 도달하면
사랑하는 가족과 따뜻한 집이 있기에
마치 고향에 온 듯
마음이 푸근하였다

훗날 소풍을 끝내고 떠날 때
고향같이 그리운 사람들 볼 수 있는 곳으로
돌아갈 수 있으면 참 좋겠다

양지바른 곳에 누워있으리

나 세상 빗 모두 갚는 날
눈을 감게 하소서
나 세상 은혜 모두 갚는 날
떠나게 하소서

슬픔도
기쁨도
떨림도
기다림도 없는 날
당신을 생각해도 아무렇지 않은 날
돌아가게 하소서

봄볕이 따뜻한 양지바른 곳에서
풀벌레 산새와 친구 하며
고요히 누워 지내고 있으리
천년을 그래왔듯
건너편 산의 고목 소나무와 함께
바람 소리
귀촉도 우는 소리

물 흐르는 소리
멀리서 들리는 산사의 종소리
낙엽 지는 소리
억새에 이는 사각거리는 소리
눈 내리는 소리
들으며

손자와 카드게임 한판

초등학교 다니는 손자, 딸들과 카드게임을 한다 명절이면 카드 고스톱 윷놀이를 연달아 하는데 카드실력은 나보다 높다 손자한테 처음으로 카드를 배우면서 한다 어떤 때는 자기 집에서 윷놀이 일체를 챙겨 가져온다 아직 돈에 대한 개념이 없는 손자와 돈을 걸고 하는데 재미를 더한다 이길 때는 신이 나서 일어나 춤을 추기도 하고 지면 나름대로 삐치기도 한다 저렇게 신이 많고 춤을 잘 추었나? 오늘 손자에게는 계급 없이 열심히 집중하여 돈만 따면 되는 아무 걱정 없는 날이다 중간중간 서로 하고 싶은 이야기도 자연스럽게 한다 어릴 적에 부모님과 매년 설날과 추석 전후로 화투놀이를 며칠간 계속하였는데 지나고 보니 부모님과 가장 가깝고 즐겁게 소통하며 보낸 시간 이었다 훗날 함께 지낸 시간들을 소중한 추억으로 기억해 주고, 마음속에 항상 설렘과 즐거움을 간직하기를 바라면서 카드게임 한판을 한다

기후재앙을 극복할 수 있을까

세계 인구는 2022.7.1. 기준으로 7,953,952,567명이다 2060년에 101억 명이 된다 18세기 영국에서 일어난 산업혁명 이후 지금까지 지구표면 온도는 1.04℃ 올랐다 그런데도 빙하가 녹고 생태계가 파괴되고 기후변화로 많은 문제가 발생하고 있다 2도 더 오르면 열대우림과 산호초를 비롯해 수많은 자연 생태계가 파괴되고 우리는 심각한 스트레스를 받게 될 것이다 앞으로 제로탄소 비료로 가뭄과 홍수에 강한 식용작물을 재배하여 얻은 식품과 콩·버섯 등의 인공고기를 먹고 동네 생수를 마시고, 원전과 재생에너지의 전기를 쓰면서 더운 온도에 적응하며 전기자동차를 타야 한다 지구인의 삶의 방식이 하나의 방향으로 변화하기 어려우면 결국 인간이 사라져야 하는 운명은 아닐까?

시간이 많지 않다
일정한 한계치를 넘으면 인구 감소도 소용없으리라
지구가 한 송이 꽃이듯
지구인 모두 함께 탄 배는 일정한 방향으로 나아가야 한다

하늘이시여,

인간을 불쌍히 여기소서!

시평

존재의 기록과 시적 자의식

시인·문학평론가 **우영규**

1

한 시인의 자의식의 단면을 따라가 보는 것은 언제나 흥미롭다. 인간적 고뇌와 희망에 따라 기뻐하거나 슬퍼하고 좌절하고 성찰하는 의식의 스펙트럼은 삶의 맨얼굴을 직접 대면하게 하는 어떤 극적인 맛이 있어 읽는 사람으로 하여금 긴장과 흥미를 유발케 한다. 삶의 속살을 맞닥뜨렸을 때 느끼는 놀라움과 두려움은 우리 스스로 삶의 본질을 애써 회피하려 했던 나태한 습관과 관성을 느끼게 하기 때문이다. 그렇다면 시인들의 자의식은 어디서부터 싹트기 시작하는 것일까? 사회학자인 롤로 메이(R. May)는 『자아를 잃어버린 현대인』에서 자의식이란 자신을 마치 밖에서 보는 것처럼 보는 능력으로 인간의 성격, 태도, 정서를 인식할 수 있는 능력이라 규정한 바 있다. 개인적인 편차야 있겠지만, 다수의 경우 '나'의 지향적 삶과 현실적 삶 사이에 거리가 생기거나 분열되기 시작할 때 자의식이 가동될 것이다.

시인들뿐만 아니라 우리들의 자의식을 둘러싸고 있는 삶의 많은 부분은 일상으로 채워진다. 밥을 먹고 잠을 자고 약속을 지키거나 일을 하고 가족들과 시간을 보내는 등, 우리 생활의 대부분은 일상이라 할 수 있는 것들이다. 특정한 종교인을 제외하고는 어느 누구도 일상의 굴레에서 빠져나갈 수는 없다. 이 일상을 박차고 탈속적인 예술을 추구하는 일은 비현실적인 일인지도 모른다. 복잡한 일상에 거리를 두고 긴장을 유지하는 것이 예술의 본질이라면, 시인들의 자의식은 일상과 예술 사이의 팽팽한 긴장과 길항작용으로 맞서 나가는 힘겨운 과정에 놓여 있는 것이리라. 이와 함께 일상인 듯, 그러나 일상이 아닌, 지금의 현실에서 자의식이 물화되거나 타자화된 인간 존재의 스펙트럼을 다양하게 아로새기고 있다. 이에 동조라도 하듯 유영복 시인의 시편들은 화답을 하고 있다. 우선 곡예하듯 어려운 언어가 아닌 쉽게 읽히는 언어와 결이 고운 언어, 감정의 과잉이 없는 진정성이 돋보인다. 그가 존재의 근원에 다가가려는 질문과 대답이 시편 곳곳에서 유영하고 있다.

지리산 칠선계곡
하늘이 보내준 이슬 먹고
밤낮으로 맑은 물소리 들으며
한여름에 홀로 아름답게 핀 나리꽃

오래 기다린 님을 만나듯
안면이 많은 그 고고하고 우아함에
가슴은 떨리고 마음속 미소가 번진다

너도 세상에서 하나밖에 없는
한 떨기 아름다운 꽃이었지

–「한 떨기 아름다운 꽃」 전문

사물에 대한 집착된 비유는 곧 자아에게 환원된다. 어떤 풍경이나 사물의 새삼스러운 발견은 선험적(先驗的)인 예시를 가지고 온다. 그것은 경험이나 혹은 후천적인 결과를 연장하는 촉매로 작용할 때 파편화된 감정이나 생각을 녹여 하나의 사연으로 구축하게 된다. 언제 어디서 어떻게 그 빌미를 얻는 것일까. 그것은 시공간에서 일어나는 행위의 인과율을 포함하는 정서적인 열림의 한 상태, 즉 현상계에서 솎아내는 혼돈을 내적으로 질서화하는 것이다. 시 「한 떨기 아름다운 꽃」

에서 노래하듯이 아름답게 핀 꽃으로부터 시인은 한없이 행복하다. "한여름에 홀로 아름답게 핀 나리꽃// 오래 기다린 님을 만나듯/ 안면이 많은 그 고고하고 우아함에/ 가슴은 떨리고 마음속 미소가 번진다"(「한 떨기 아름다운 꽃」)며 행복해하는 모습에서 존재를 확인하는 것이다. "너도 세상에서 하나밖에 없는/ 한 떨기 아름다운 꽃이었지"라고 회자하는 대상이 누구였던지 간에 그로 인하여 살아있음의 진정한 의미를 아름답게 핀 나리꽃으로부터 발견해나가는 과정은 유영복 시인의 자화상이나 다름없다. 이는 자신을 감당하지 못했던 시간성에 구현된 것이 아니라, 다시 말해 언어에 의해 살아난 시간을 말하는 것이 아니라, 시인의 상상력과 작품의 내적 요구에 의해 재구성된 미학적 시간이다. 자세히 보면, 단순하게 고정된 부동의 이미지에서 한세월의 풍화를 견뎌온 고착의 기미(幾微)와 한패를 이룬 듯 허술해져 있다. 그러나 기억되는 것 역시 시인의 마음속에 보존되어 상상적으로 구성된, 즉 하나의 재구성된 시간의 표지(標識)이다.

봄이 되면
벚꽃이 가득 피는 사천 선진리공원
고려 할아버지가 성을 쌓고
조선시대에 왜군이 살았으며

강점기에 벚나무를 심었고
근래에 다시 벚나무 심어 가꾸니
벚꽃 천지 사람 천지 되었네

어느 봄날 공원을 홀로 걷다가
100년 고목의 작은 새순에서
꽃이 핀 것을 보니
어린 손주 보듯
반갑고 아름다워 쓰다듬고 입 맞추었네

육십 세에 우리도 저 벚꽃처럼
아름다운 청춘의 꽃을 한번 피워보세

–「고목의 새 가지에 꽃이 피다」 전문

자연 사물은 정태적이고 자족적인 것이 아니라, 끊임없이 적응과 변화의 계속적인 과정 속에 있는 것이다. 그리고 사물과 함께하는 시선 그 안에는 시적 자의식과 자기반성적 치유와 온전(wholeness)의 대안적 세계가 들어있다. 시공간이 확장된 시 「고목의 새 가지에 꽃이 피다」에서 목도하듯이 '고목'을 예리하게 관찰하면서 단순하게 고정이라는 부동의 이미지에서, 그러나 그건 이미 시-문장 밖에서 존재의 생멸 과정에 대해 집중적으로 사유하고 있음을 확인할 수 있다. 유영복 시인은 이를 삶의 모티브로 몰아붙이면서 “벚꽃이 가득 피는 사천 선진리공원/ 고려 할아버지가 성을 쌓고/ 조선시대에 왜군이 살았으며/ 강점기에 벚나무를 심었고/ 근래에 다시 벚나무 심어 가꾸니/ 벚꽃 천지 사람 천지 되었”(「고목의 새 가지에 꽃이 피다」)다 면서 ‘고목’의 일생을 소환하는 재치를 부린다. 살아가는 일이 매섭고 모진 비바람 수없이 후려치는 일이라고 말하고 싶었으나 침묵하는 것은 ‘고목’의 운명을 수락하는 자가 되어 “100년 고목의 작은 새순에서/ 꽃이 핀 것을 보”(「고목의 새 가지에 꽃이 피다」)앗기 때문이다. 사물에 대한 집착된 비유는 곧 자신에게 환원된다. 그리하여 시공간은 모든 곳에 편재하지만, 존재의 개입을 통해서 편재의 그늘을 만드는 순환의 기울기 속에 자아를 부려놓는다. 100년 된 고목의 새순에서 꽃핀 것을 목도한 시인은 “어린 손주 보듯/ 반갑고 아름다워 쓰다듬고 입맞추”(「고목의 새 가지에 꽃이 피다」)기 까지 감행한다. 이는 대상을 움켜쥔 시인이 자신의 시선을 고스란히 투사하는 화용(話用)이면서 대상에 내제 한 시인 자신의 집요한 응시를 직접적으로 형용하는 발화(發話)이기도 하다. 자아의 물리적 존재의 한계 속에 ‘고목’은 시인 자신의 소멸을 헤쳐 나가는 웅숭깊은 몸의 목독이 부르는 노래다. 과잉과 결여나 주체와 대상이 본질적으로

매개되어 있다는 '헤겔'의 명제를 취하지 않더라도 쉽게 알 수 있다. 과거와 현재와 미래가 갈마들어 축적된 시-문장은 몸속에 농축된 현상의 노래며 숙주를 찾아가는 파동이다. "육십 세에 우리도 저 벚꽃처럼/ 아름다운 청춘의 꽃을 한번 피워보"(「고목의 새 가지에 꽃이 피다」)자고 애원하듯 통어하는 것은 존재의 기록일 뿐만 아니라 시적 자의식을 수반한 수많은 자아의 뒤척임을 통해 수정되어가는, 그러나 단순한 물리적 한계만을 말하는 것이 아니라 자연에 스며들 줄 알게 되는 과정이다.

2

원초적으로 서정시는 시인 스스로 살아온 시간의 결을 회상하고 성찰하는 기억작용을 강하게 활용하는 언어예술이다. 우리가 서정시의 창작 동기를 나르시시즘의 원리에서 종종 찾는 이유도 거기 있을 것이다. 욕망은 한편으로 자신의 내적으로 몰입하려는 지향으로 나타나기도 하고, 다른 한편으로 다양한 사물들을 향해 확장해가려는 외연적 힘으로 번져가기도 한다. 시적 주체의 문제가 시에서 핵심적인 것이라고 여기는 하나의 시학적 전통이 자리 잡아왔으며, 시인의 주체성이 드러난다고 간주되곤 했다. 그러나 최근 시적 주체는 변하고 있고 시 속에서 화자와 시인의 목소리는 더 이상 단

일하게 포개지지 않는다. 이는 '자유간접화법'이 점차 확산되어가고 있고 이 현상에 대해 1인칭 목소리의 균열로 보고 있으며 저자의 통제를 벗어나는 인물, 사물의 등장과 함께 독립적이며 병합되지 않는 목소리와 의식들의 복수성을 담고 있는 화법을 말한다. 이런 시적 화법이 유영복 시인의 시에서도 쉽게 찾아볼 수 있다. 이는 주체에서 해방된 독자적 발화라고 할 수 있겠다. 어떤 대상의 순수 원형에 가닿고자 하는 지향을 근본 속성으로 삼고 이를 시인들로 하여금 미시적인 세공으로 새로운 근원적 중심을 설정하게 하고 구체적 사물로부터 발원하여 어떤 영원한 가치를 상상하려는 뜻을 극대화하게끔 해준다. 이때 시인이 수행하는 미학적 기획은 삶과 사물의 근원과 영원을 탐구하는 데 가장 적절한 사유 형식으로 마련되어 간다. 유영복 시인의 시편들의 미학적 요체는 인간과 자연이 격절(隔絶)을 이루는 세계가 아니라 그 사이에 생명의 공간이 존재함을 알리는 세계에서 시작된다. 그래서 인간과 자연(사물)이 조화롭게 공존하는 세계를 향한, 지상의 결여된 행위를 회복하려는 의지를 담아내고자 진술하고 있다.

세상에 필요 없는 사물 없고
쓸모없는 사람 더욱 없다
사람은 생태계 금수저로 세상에 왔으며

사람마다 부여받은 소임은 다르다

수많은 종류의 꽃 색깔처럼
사람도 다양해야 하늘의 뜻이 이루어지고
세상이 더욱 찬란하고 아름다워진다

봄이 오면 산야의 풀과 나무들이
울긋불긋 다양한 꽃을 피우듯
재주껏 자기만의 독특한 꽃을 피우면
훌륭한 삶이 될 것이다

아름다운 행성 지구별을 아끼고
맑고 투명한 자신의 삶을 사랑하며
이웃과 함께 나누는 인생은 금상첨화이다

삶이 마무리되기 전
하늘과의 비밀 대화를 알 수 없기에
너의 인생이 행복한지는 하늘 외는
누구도 알 수 없다

–「행복한 인생」 전문

인용 시 「행복한 인생」은 표제작이다. '행복한 인생'

이라는 언어에 화자는 동의하는가에 대해 멈칫할 수밖에 없을 것이다. 혹시 '행복'의 의미를 모호하게 만듦으로써 새로운 의미 형성을 실험하는 것은 아닐까. 하지만 이때의 언어는 우리가 살아가는 현실의 근간, 즉 상징적 질서로서의 언어와 동일한 것이 아니다. 상징 질서, 또는 커뮤니케이션의 수단인 기능적, 도구적 언어가 문법과 의미를 중심으로 작동한다면, 시는 언어를 의미보다는 정서, 문법보다는 욕망의 질서에 따라 사용하는 예외적 방식의 일종이다. 언어유희(pun) 등은 '유희'라는 단순한 기능에 한정되지 않는다. 그것은 특정한 행위에 의미를 중층화 함으로써 언어에 대한 익숙한 감각에 충격을 가하고, 이질적인 의미를 충돌시킴으로써 진술 자체를 불확정적인 것으로 경험하게 만들며, 그리하여 자동화된 감각과 사고의 과정을 탈구시킴으로써 인지과정 자체를 지연시킨다. "세상에 필요없는 사물 없고/ 쓸모없는 사람 더욱 없다"(「행복한 인생」)며 시인이 바라보는 시선과 함께 매우 단언적으로 표현한 대목은 욕망의 질서를 따른 언어의 변용이며 "수많은 종류의 꽃 색깔처럼/ 사람도 다양해야 하늘의 뜻이 이루어지고/ 세상이 더욱 찬란하고 아름다워진다"(「행복한 인생」)고 믿고 있는 것 또한 특정한 행위나 사실로 인하여 의미를 중층화하는 과정으로 읽혀야 한다. 우리는 살아가면서 언어의 지배를 받는다. 여기서 말하는 지배는 문법적인 것만을 가리키지 않는다. 저 너머를 알 수 없는 곳에서 '갈림길'이라고 표기된 이정표가 있다면 우리는 저 너머는 '갈림길'이구나 하고 의심하지 않는다. 그렇듯이 "봄이 오면 산야의 풀과 나무들이/ 울긋불긋 다양한 꽃을 피우듯/ 재주껏 자기만의 독특한 꽃을 피우면/ 훌륭한 삶이 될 것이다"(「행복한 인생」)라고 하면 그렇게 될 것이라고 의심하지 않은 것과 궤를 같이한다. 마지막 연에서 "너의 인생이 행복한지는 하늘 외는/ 누구도 알 수 없다"(「행복한 인생」)며 드디어 실토하는 것은 얼핏 언어유희처럼 보이지만 그러나 이질적인 상관 의미를 충돌시킴으로써 진술 자체를 불확정적인 것으로 경험하게 만들고 감각과 사고의 과정을 탈구시킴으로써 인지과정 자체를 지연시키는 것이며 또한, 이것은 시적 자아가 의도하지 않더라도 시-언어가 의미로 환원되지 않도록, 동시에 음성적 물질성에 근거하여 우리의 사고를 또 다른 세계(행복론)로 도약시킨다는 점에서 일종의 중요한 시적 장치로 받아들여야 한다.

익어간다
가을날 지리산 단풍잎처럼 짙게 익는다
나는 무슨 색깔이고 어떤 냄새일까?

틀을 벗어나 새로운 세상을 살아간다
서투른 모습을 거울에 비추어 보면서
혼자 미소 짓는다

생존에 꼭 필요한 것
더하기 빼기만으로 단순하게 살아가자
오늘도 자연인이기를 바라면서
텃밭으로 간다

텃밭에서 일하며 땀에 젖은 옷으로
마트에 가고
식당에서 점심 먹고
편안하게 동네를 활보하며 살아간다

—「자연인이고 싶다」 전문

유영복 시인은 아마도 다니던 중요한 요직의 직장을 퇴직하고 난 뒤 지리산 자락에 자연인처럼 살아가기 위해 거처를 마련하고 텃밭도 가꾸면서 살아가기를 꿈꿔왔고 또 그렇게 실현 중이다. 그 행위를 유영복은 '귀촌'이라 이름 짓고 그곳에서 일어나는 온갖 일상을 통해 회자하고 추억하며 행복해한다. 심지어 그 독단의 행위를 유영복은 '놀이터'라 하고 '고향'이라 규정짓는다. 삶의 여정에 있어서 직장이란 생존의 수단이요 '퇴직'은 또 다른 출발로서 한결 여유롭다. 그래서 시인은 "해방이다/ 하늘을 날자/ 새로운 삶의 시작이"(「퇴직」 부분)라고 단언한다. 그러면서 "내가 꿈꾸던 풍경으로 가득 찬 산골로 왔다// (중략)/ 산 강 들/ 하늘과 별/ 이제부터 너희들과 동행 길 친구이고 싶다"(「귀촌」 부분)라고 진술하는 것은 이기적인 욕망의 해제, 생태와 인간의 공존에 대한 시인의 화두가 내면에서 잘 정화된 후에 언어의 장식성이 제거된 상태로 다가온다. 세상으로부터 멀리에서 자연적인 것에 대한 연대와 연결과 접속, 인간과 자연을 결속시키려는 사유가 곳곳에서 꿈틀대고 있다. 그러면서 강한 목소리가 아닌 부드러운 언어로 속살거려 근원에 다가가고 있다. 인용 시 「자연인이고 싶다」에서 "익어간다/ 가을날 지리산 단풍잎처럼 짙게 익는다/ 나는 무슨 색깔이고 어떤 냄새일까?"(「자연인이고 싶다」)하고 반문하는 것은 자신을 되돌아보면서 현제의 자아를 찾아가는 과정이다. 지리산의 가을은 온통 단풍일 텐데 단풍은 겨울을 맞이하려는 자연 사물의 이치다. 하지만 기실 유영복 시인의 내적 반응은 자연인으로서의 자기의 모습을 투시하려는 의도에서다. "나"의 '색깔'과 '냄새'를 찾는 과정도 같은 맥락에 있다. "틀을 벗어나 새로운 세상을 살아간다/ 서투른 모습을 거울에 비추어 보면서/ 혼자 미소 짓는다"(「자연인이고 싶다」)라고 실토하는 것은 말 그대로 서툴지만 새로운 세상을 경험하는 것이 시인은 신명 나는 일이다. 자신의 현상 세계가 겸연쩍기도 하니 그냥 "혼자 미소 짓"기도 하는 것이다. 이 모든 행위는 삶을 관조하며 풀어내는 노래며 그 속에 녹아든 자아다. 그 내면을 들여다보면 진솔한 언어의 조작과 그 빛깔들, 향토적 정서 길어 올리기 등, 신선한 감성 자아내기는 한결같이 서정에 뿌리를 내리고 있다. 일정한 거리를 물러서서 인생을 바라보는 관조의 시편들이 모두 질박한 휴머니티를 거느리고 있는 것은 바로 이런 점 때문이다. 이런 관점에서 보면 유영복 시인의 시는 일상의 체험에서 우러나오거나 깨달음에서 얻은 감성의 무늬들에 서정의 옷을 입혀 떠올리는, 온건한 듯 뚜렷한 개성을 이루는가 하면, 각별한 미덕으로 읽히게도 한다.

따뜻한 봄날 텃밭에
오이 가지 토마토 고추 호박 수박 참외
박 옥수수 구마고 방아풀 모종을 심었다

매일 가꾸고 물 주니
자라면서 꽃피고 열매를 맺는 게
작물마다 독특하고 아름답다

아침에 일어나면 궁금하다
어떤 모습으로 얼마나 자랐을까?
눈에 어른거리는 손주의 재롱만큼
그들이 가슴을 설레게 한다

작물들이 나를 부른다
텃밭과의 녹색 끈이 하나 이어져
매일 변모하는 그들과 순간순간 소통하는
아침의 가슴 설렘은 축복이다

-「아침의 가슴 설렘은 축복이다」 전문

시집의 표제작인 「행복한 인생」을 필두로 시집 전체를 대체로 관류하는 것은 '행복'이다. 기쁨, 아름다움, 평화, 즐거움 등이 조연 역할을 하면서 온통 행복 꽃이 만발한다. 이 행복한 무대를 장악하는 이도 바로 유영복이다. 시인은 늘 긍정적 사고와 행복해지려는, 아니 행복해하는 일상을 누리고 싶어 한다. 한편으로는 시의 존재론적 기원이라 할 수 있는 시간의 흔적들을 만날 수 있다. 삶의 근원에 존재하는 어떤 가치를 접함으로써 그것을 사유하고 또 펼쳐나가려는 남다른 의지를 통해 보편적 지향점들을 선명히 보여준다. 텃밭에 씨뿌리는 작업의 시간을 통해 존재를 확인하였고 씨앗

이 자라서 꽃 피우고 열매를 맺는 과정을 통해 시인은 삶을 터득한다. 급기야 "아침에 일어나면 궁금하다/ 어떤 모습으로 얼마나 자랐을까?"(「아침의 가슴 설렘은 축복이다」) 작물(사물)의 변화과정이 궁금하기 짝이 없다. 이 행위의 이미지는 시인이 경험하고 발견한 원형적 세계를 암시적으로 드러내면서, "눈에 어른거리는 손주의 재롱만큼/ 그들이 가슴을 설레게"(「아침의 가슴 설렘은 축복이다」)하는 것은 시인 자신의 미학적 상상력을 한껏 첨예하게 보여준다 할 것이다. "작물들이 나를 부른다/ 텃밭과의 녹색 끈이 하나 이어져/ 매일 변모하는 그들과 순간순간 소통하는/ 아침의 가슴 설렘은 축복이"(「아침의 가슴 설렘은 축복이다」)라면서 시인은 모든 존재자의 발원지이자 귀속처로서의 시공간을 통해 자신만의 정서적인 질서를 구축하고 그러한 질서의 구체성을 통해 내면의 경전을 섬세하게 그려낸 것이다.

3

시-문장은 언제 어디서 어떻게 생성되는 것일까. 그것이 장소와 마음, 풍경 이거나 시인의 예리한 손끝이거나 그래서 대상의 아득한 너머까지 닿거나 간에 그것이 무엇이든 시-문장은 시인의 고유하고 내재적인 시차(視差)를 통해서만 표현되며 그럼으로써 유일한 생성의 도정으로 진입하게 된다. 더불어 시의 일반화된 문법 가운데 하나는 사물과 시간성과 내면의 등가적 결합에 있을 것이다. 사물의 어떤 속성에 내면의 어떤 움직임을 등가적으로 투사(projectlon)하는 방식이다. 이 때 우리는 시인의 시선이 가닿는 곳이 시인의 내면이 투사된 '해석된 상황' 임을 경험하게 된다. 그 해석 과정에 동참함으로써 우리는 낯익은 풍경을 새롭게 바라보게 되고, 역으로 그 풍경은 새로운 의미를 덧입게 된다. 또한 우리의 기억이란 것은 어떤 특정한 시간에 대한 사실적 재현이라기보다 그것을 둘러싼 과정적 속성에 대한 상상적 유추적 구성으로 나타난다. 이럴 때 세계는 무엇보다도 이미지 외에 결코 다른 것이 아니기 때문이다. 우리는 개별자로 특정한 삶을 사는 한편, 보편자로서 일반적인 삶의 일부분을 이룬다. 전자를 강조하면 개별적인 세계의 이미지가 남고 후자를 강조하면 그 이미지들의 상관관계인 의미가 남는다. 그런데 개별자로 살아가면서 보편자의 삶을 겪기 때문에 이미지와 의미는 동시에 온다.(시론-우영규:P25인용) 이러한 관점에서 볼 때 유영복 시인의 가장 원형적인 거소(居所)는 어디일까?. 우리는 시인이 끊임없이 자신의 기원으로 거슬러 올라가려는 열망과 마주하게 되는데 그 대상은 부모님의 형상이다. "무서리 내리는 늦가을에" 매달린 '곶감'으로부터 어머니를 환기한다.

무서리 내리는 늦가을에
밤새며 껍질 깎고 매달면
붉은 보석으로 아름답게 빛난다

굽어진 허리와 아픈 상처들
아랑곳하지 않고
신줏단지 모시듯 백팔 배 한다

찬바람 햇볕 맞이하면
세상에 하나뿐인 달콤한 옹이 되어
살며시 눈이 내리는 밤이면
하얀 입김 서린 모습으로
호랑이도 꼼짝 못하게 하지

어디에서든 곶감을 만나면
고향의 향수가 묻어나고
어머니가 그립다

—「곶감」 전문

시 「곶감」에서 보면 '붉은 보석'으로 형상화된 자아가 뚜렷하다. 삶의 여정 혹은 어머니에 대한 사랑, 그리움 모두 여기서 결국 성찰적 포즈를 취하고 있다 "굽어진 허리와 아픈 상처들 / 아랑곳하지 않고/ 신줏단지 모시듯 백팔 배"(「곶감」)를 소환한 것은 행운이다. 그러나 화자는 형상화된 사물에게서 확신하는 언술을 쉽게 드러내지 않는다. '붉은 보석'과 '세상에 하나뿐인 달콤한 옹이'는 바로 자신에게 환원된 어머니이다. 시 안에 단정하게 들어앉은 사물과 소리 없이 내통하며 과거와 현재, 그리고 원형의 사랑과 그리움, 삶을 사물에 의해 요청하는 모습이 극대화되고 있음을 알 수 있다. 이와 함께 대체로 시인들이 영혼 깊이 가지는 '원체험(源體驗)'이란 가장 오래된 기억 속에 머물면서 강렬한 어떤 반응에 의해 지속적으로 주체의 행위나 의식에 영향을 주는 원천적 힘으로 작용한다. 그만큼 모든 시인은 자신의 원체험을 부단히 변형하여 새로운 기억들을 거기에 부가하면서 자기 동일성을 점진적으로 획득해 간다. "어디에서든 곶감을 만나면/ 고향의 향수가 묻어나고/어머니가 그립다"(「곶감」)고 실토하는 과정 또한 자신의 기원이기도 할 어머니를 '붉은 보석'에 치환시키는 데서 우리로 하여금 생의 아름다움과 그 소멸과정에 대한 그리움을 동시에 제공하는 미학적 재구성의 예이다. 유영복 시학의 기반이 되는 것이 바로 이러한 원체험의 변형 과정이 아닐까 생각한다. 어머니에 대한 사랑과 그리움에 의해 재현되어 온 시인 자신의 가족사나 한 시절의 그리움과 질박한 삶도 거기에 부합되는 셈이다. 그리고 그것들은 숱하게 현재형으로 변형되어 깊은 침잠과 성찰에 대한 그리움으로 변형되어 가기도 한다.

오랫동안
두 눈감고 외면하며 어긋나게 살아왔다

몸속 돌이 움직여 배가 아파 고통스러울 때
비행기 탈 때
신께 맹세를 남발했지
어긋남에 대해 용서를 구하고
눈을 뜨겠다고

쌓이고 쌓여
가슴에 멍울져 세월 가며
차가운 큰 바위가 되었다

이제 다시 오래도록 깊게 생각해 보면
성령이 있으면 종교 교리가 일리가 있고
악령, 천국 지옥이 존재한다고 느껴진다

마음속 희미한 불씨를 살려
차가운 바위를 녹여 밖으로 조금씩 밀어내고
따뜻한 품속으로 돌아가서

두 눈을 다시 뜨고 싶다

-「두 눈을 다시 뜨고 싶다」 전문

모든 소멸의 기운에 먹혀가는 존재의 종요로운 대목들은 하나같이 어떤 간원(懇願)을 통해 존재 속에 퇴행하는 뉘우침, 기억 등을 불러낸다. 몸과 마음으로 단련된 언어(詩)가 그 속에 내면화하는 것이다. 말하자면 자기에게 자기를 새겨 넣는 과정이다. 이때 외연에서 발견하고 체득한 생의 비의와 삶 자체의 풍물을 새기는 내연의 시간은 존재의 내밀한 목독을 확인하는 일이다. 시인은 자신의 내면을 직정적으로 토로하기보다는 뭇 대상이나 과정 혹은 결과들을 환기하면서 내면을 암유적으로 고백하는 과정을 거친다. 유영복 시인의 시에서 가장 중요한 내면 고백의 형상은 이러한 시간의 흐름을 가득 담은 채 시 「두 눈을 다시 뜨고 싶다」라는 원형으로 찾아오게 된다. "오랫동안/ 두 눈감고 외면하며 어긋나게 살아"(「두 눈을 다시 뜨고 싶다」)온 것에 대해 화자는 일체의 자아성찰의 본형으로 돌아가고 있다. 최종의 경우에는 언제나 "신께 맹세를 남발했"다고 자신을 폭로하는 데서 이미 화자는 시적 재구성되는 이미지로 현상하게 된다. "어긋남에 대해 용서를 구하고/ 눈을 뜨겠다고" 수없는 맹서를 거듭 하지만 현상은 그러하지 못하고 어긋나는 일만 반복되었지만 이제 '나'라는 존재를 거부할 수 없다는 것을 깨달은 화자는 "마음속 희미한 불씨를 살려/ 차가운 바위를 녹여 밖으로 조금씩 밀어내고/ 따뜻한 품속으로 돌아가서/ 두 눈을 다시 뜨고 싶다"(「두 눈을 다시 뜨고 싶다」)고 실토하지 않은가. 잘못된 모든 것을 지워버리는, 아니 그냥 지워버리는 것이 아니라 간원과 성찰을 통해 아예 '두 눈을 다시 뜨고 싶다'고 한다. 과거와 현재, 내면과 외연 등이 복합적으로 생성된 에너지를 품은 채 움직이고 있다는 것을 볼 수 있다. 특히 자아를 발견하기 위해 '나'라는 존재를 거부할 수 없도록 장치되어 있음을 알 수 있다. 근거리에서 자신의 모습을 바라보는 화자는 결국 구도자의 포즈를 취하고 있지만 사실은 관여자로서 투영되고 있는 것이다.

전공서적 전문서적 시집 교양서적
가족의 책이 혼재되어
무슨 책이 어디 있는지 잘 알 수 없다

아내는 버리려고 내어둔 책을
내 것은 버리지 말라고 당부한다
오래된 시집을 읽을 때면
처음 보듯 가슴이 두근거리기도 하고

가끔 필요한 책은 찾을 때까지
다른 일을 할 수 없다

아내도 나에겐 오래된 책이다
결코 버리면 안 되는
필요하고 소중한 책이다

나도 아내에게 오래된 책으로
소중하게 오랫동안 남고 싶다

–「오래된 책」 전문

독일의 문학비평가 발터 벤야민(W. Benjamin)은 외부 세계와 내면의식의 순간적 동일성, 가령 세계의 근원이나 자연 사물과의 순간적 합일의 과정을 '아우라(Aura)의 경험'이라 하였다. 사물의 소리와 형태, 그리고 '언어'를 통해 순간적으로 통일되는 경험은 사물의 일회적이고 고유한 속성이자 그 외현(外現)인 '아우라'의 경험으로 바뀌면서 그것을 '언어'로 표현할 수밖에 없는 시인의 숙명을 예시하는 것이다. 그렇기에 '시'는 대상(사물)과의 깊은 교감 속에서 탄생하며 사물과의 거의 등량(等量)의 몫으로 내면적 진실을 발견해가는 지혜를 담아가게 된다. 시 「오래된 책」에서 보면 수많은 서적의 종류가 뒤섞여 있다는 것은 정리가 되지 않았다는 것인데 저 책장의 풍경은 소멸이 빠른 세월이 내는 신음이 아닌가. 그건 무량한 시간이 혼전하게 베풀면서 거두는 극명한 차입으로서의 현실이다. 시인은 생멸의 대상에 입을 맞추는 듯 음유한다. 이 현실에 대해 화자는 단순한 '오래된 책'에 대한 기억의 깊이가 아닌 오히려 근원적인 시간성이 제어하는 현실을 보게 된다. 한편으로는 메타적으로 귀일 해 보려는 시인의 욕망이 그 안에 착색되어 있기도 하다. "오래된 시집을 읽을 때면/ 처음 보듯 가슴이 두근거리기도 하고/ 가끔 필요한 책은 찾을 때까지/ 다른 일을 할 수 없"(「오래된 책」)는 이유는 내면과 대상을 이어주는 자신의 시적 진실에 대한 욕망의 산물이다. 결국 화자가 토해내고 싶은 말은 "아내도 나에겐 오래된 책이다/ 결코 버리면 안 되는/ 필요하고 소중한 책이다// 나도 아내에게 오래된 책으로/ 소중하게 오랫동안 남고 싶다"(「오래된 책」)며 실토하는데서 실존적 자기 다스림의 수단에 들어서려는 시인의 의지로 보인다. 여기서의 진술이나 감각은 지나간 흔적이나 기억을 통해서 더욱 강화되어 있으며 이 또한 결코 집착이 아니라는 것을 각인시키면서 경계선상에 서서 관조하며 자신의 존재를 확인하는 것이라 할 수 있다.

사물이 일정한 시공간 속에서 존재하다가 그 물리

적 유한성으로 말미암아 사라져 가는 것을 견지하면서, '오래된 책'과 '아내'를 동일선상에 배치해 놓고 그것을 "결코 버리면 안 되는"(「오래된 책」) 가장 중요한 것으로 유인해 내는 데 성공한다. 이는 화자도 같은 동일선상에 합류하려는 의도가 완성되는 과정이다. 그 어떤 존재자도 순간적으로 잠시 머무를 뿐 항구적으로 존재하는 것은 없다는 것을 화자의 시선으로 환기해 나가는 과정인 것이다. 그러한 바탕 위에서 시인은 '시'라는 존재의 집을 통해 유한한 시간 속에서 웅크리고 사라져 간 것들을 재현하고, 유한자로서 견지하는 인간 실존의 불가피한 형식을 탐색해가고 있다.

4

유영복 시인은 자연 사물을 다룰 때, 기법의 새로움보다는 인식의 쇄신을 통하여 가장 근원적인 자연과 사물의 깊이를 형상화해 간다. 다양한 음역(音域) 속에서 자연을 노래하는 시가 매혹과 통증, 그리움을 모두 담아낼 수 있는 언어적 형식임을, 그리고 근원적 결핍에도 불구하고 그것을 상상적으로 초월해 가는 양식임을 다채롭게 증언하고 있다. 또한 다양한 시간의 형식들이 반짝이고 있다. 그만의 사유의 깊이를 보여주는 사물과 그 존재방식을 가멸차게 보여주는 곳을 지향하게 된다. 감각과 사유의 깊이는 일종의 타자 교섭적인 속성을 자신의 작품 안에 흩뿌리면서 지각 가능한 실재들을 넉넉하게 받아들이며 사물과 현상이 내지르는 고요의 소리를 민활하게 채집하면서, 근원적 존재의 심연을 탐색하고 있음을 보여주고 있다. 시적 확장된 그 지점에 생이 온전하게 표현되는 인륜성이 자리하고 있는 것처럼 시인은 현실 존재를 각인시키며 한편으로는 타자처럼 전이시켜 자아를 월경(越境)하여 또 다른 기쁨과 아름다움, 평화와 즐거움. 그리고 그리움과 사랑의 전언으로 가득 채우고 싶다. 나의 망각과 망각하는 과정을 기억하는 가장 그윽한 품으로 바라보는 세상의 주인 없는 시간에게 주어지는 특권은 즐거움이나 허허한 행복만이 삶을 증명하는 존재의 방식이 아니던가. 비록 시인이 묘파한 삶의 기억이 노매드처럼 산종되어 있지만 가슴 한 편의 '귀촌'이라는 특화된 삶에 부여된 생의 표현법이 재발견되는 의식의 공간에 다름 아니다. 유영복 시인은 귀촌을 통하여 지리산의 사계(四季)를 관장하고 그로 인해 '행복'한 데서 질서와 의미를 구한다. 물론 생의 도처에 망각으로 향하는 소멸의 길이 존재하지만, 시인의 일관된 길(삶)은 생을 감각하는 존재의 길임에 틀림없다. 시인은 삶과 삶 사이를 가로지르는 인간학적 현실을 차분한 시선으로 움켜내고 있다.

'어느 여름날의 특별한 체험'

- 성령세미나 체험에 대한 시(詩)를 읽은 소감

천주교 마산교구 원로사목자 **유영봉(야고보) 몬시뇰**

1. 소감

나는 항상 집안 모임이 있을 때 미사를 하게 되면, 네가 미사를 함께하지 못하는 데 대한 아쉬움이 컸었다. 그래서 그곳 본당 신부님께 부탁을 해서 냉담을 풀고 성당에 나오도록 해야 하나? 하는 생각이 들기도 했지만 "알 만한 사람이니까. 때가 되면 나오게 되겠지!" 하는 생각을 하면서 기도 중에 가끔 기억을 하였단다.

그런데 지금까지 한 번도 네가 성령세미나를 하고 그런 특별한 체험을 하였을 거라곤 상상도 하지 못했었다. 오늘 너의 시(詩)와 글을 읽고 너무나 감격스러워 눈물이 핑 돌았다. 나는 76년에 진주 칠암동성당에서 마산교구 성직자 수도자 성령세미나를 한 후, 수십 차례 성령세미나를 지도하면서 참으로 수많은 사람들의 성령세미나 후의 다양한 체험들을 보았는데 너처럼 안수 후에 갑자기 맥없이 쓰러져, 자는 듯이 있는 사람들을 흔히 보았다.

결론부터 말한다면 네가 체험한 것은, 사람마다 다른 수십 가지의 체험 중에서, 성령세미나에서 흔히 "성령 안의 안식"이라고 말하는 체험이었다. 성령의 은사를 제대로 체험한 것이 틀림없다.

2. 성령세미나란?

세례 받은 모든 신자는 영세 때 모두 성령을 이미 받았다. 그런데 성령 충만한 생활을 하지 않고 세상살이에서 여러 가지 허물과 죄로 인해, 거울로 치면 먼지나 오물로 많이 흐려져 있는 상태이다. 커피에 설탕을 넣어도 잘 저어주지 않으면 단맛이 잘 나지 않듯이 세례로 받은 성령의 활동이 잘 드러나지 않는 것과 같다. 성령세미나를 '성령의 활동을 자유롭게 함'이라고 부르는 이유도 여기에 있다.

3. "성령을 받는다,""성령을 체험한다."는 것은 가능한가?

인간은 영적인 존재이다.

창세기에는 "하느님께서는 이렇게 당신의 모습으로

사람을 창조하셨다."(창세기1,27)고 하신다. 인간이 하느님의 모습으로 창조되었다는 것은 외적인 생김새를 말하는 것이 아니라, 인간이 영적인 존재라는 말이다. 그래서 인간은 신접(神接)할 수 있는 존재인 것이다. 멀쩡한 사람이 신(神)이 내려 무당이 되는 것을 보면 알 수 있다. 잡신(雜神)이 들면 무당이 되고, 하느님의 성령이 들면 옳은 크리스천(하느님의 사람)이 되는 것이다. 흔히 의심하듯이 체면술가 같은 것이 아니다. 성령세미나를 통해서 성령을 체험하는 것은 지극히 자연스러운 것이라 할 수 있다.

4. 성령을 받기 위한(체험하기 위한) 가장 중요한 준비

1) 회개(뉘우침. 회심)와 믿음이 있어야

(1) 회개: 수천 년 기다리던 약속된 메시아가 오셔서 30여 년을 준비하시고 세상을 향해 처음으로 발설하신 말씀이 바로 "때가 차서 하느님의 나라가 가까이 왔다. 회개하고 복음을 믿어라."(마르꼬 1,15)는 것이었다. 회개와 믿음이 하느님의 아들이신 예수님이 우리에게 하신 첫 요청이었다. 그만큼 '회개'와 '믿음'은 신앙생활의 근본 바탕이라고 할 수 있다.

(2) 예수님은 성령을 약속하셨다.

사실 구약의 백성들은 성령을 알지 못했다. 그러나

예수님께서 오셔서, 계속 당신과 하느님 아버지 그리고 성령에 관해서 말씀을 하시면서, 우리는 한분이신 하느님 안에 성부, 성자, 성령이 계심을 알게 되었다. 아버지와 아들에 대한 예수님의 언급들을 몇 가지만 살펴보자.

"예수께서는 이렇게 대답하셨다. '나를 사랑하는 사람은 내 말을 잘 지킬 것이다. 그러면 나의 아버지께서도 그를 사랑하시겠고 아버지와 나는 그를 찾아가 그와 함께 살 것이다'".(요한14,23)

"예수님께서 그에게 말씀하셨다. '필립보야, 내가 이토록 오랫동안 너희와 함께 지냈는데도, 너는 나를 모른다는 말이냐? 나를 본 사람은 곧 아버지를 뵌 것이다. 그런데 너는 어찌하여 '저희가 아버지를 뵙게 해 주십시오.' 하느냐? 내가 아버지 안에 있고 아버지께서 내 안에 계시다는 것을 너는 믿지 않느냐? 내가 너희에게 하는 말은 나 스스로 하는 말이 아니다. 내 안에 머무르시는 아버지께서 당신의 일을 하시는 것이다. 내가 아버지 안에 있고 아버지께서 내 안에 계시다고 한 말을 믿어라. 믿지 못하겠거든 이 일들을 보아서라도 믿어라.(요한14,9-11)

"아버지와 나는 하나이다."(요한 10,30) 하고 대답하셨다.

“ 내가 하는 말은 아버지께서 나에게 말씀하신 그대로 하는 말이다.”(요한 12,50)

당신이 승천하시기 전에 성령을 약속하시면서 사도들에게 성령을 기다리라고 분부하셨다.

“누구든지 구하면 받고, 찾으면 얻고, 문을 두드리면 열릴 것이다. 너희 중에 아들이 빵을 달라는데 돌을 줄 사람이 어디 있으며, 생선을 달라는데 뱀을 줄 사람이 어디 있겠느냐? 너희는 악하면서도 자기 자녀에게 좋은 것을 줄 줄 알거든 하물며 하늘에 계신 너희의 아버지께서 구하는 사람에게 더 좋은 것 곧 성령을 주시지 않겠느냐?”(마태오7,7-10)

“내가 아버지께 청하면, 아버지께서는 다른 보호자를 너희에게 보내시어, 영원히 너희와 함께 있도록 하실 것이다. 그분은 진리의 성령이시다.”(요한 14,16-17)

“이제 아버지께서 내 이름으로 보내주실 성령 곧 그 협조자는 모든 것을 너희에게 가르쳐주실 뿐만 아니라 내가 너희에게 한 말을 모두 되새기게 하여주실 것이다.”(요한 14,26)

“예수님께서는 사도들과 함께 계실 때에 그들에게 명령하셨습니다. ‘예루살렘을 떠나지 말고, 나에게서 들은 대로 아버지께서 약속하신 분을 기다려라.’”(사도 1,4)

“오순절이 되었을 때 그들은 모두 한자리에 모여 있었다. 그런데 갑자기 하늘에서 거센 바람이 부는 듯 한 소리가 나더니, 그들이 앉아 있는 온 집안을 가득 채웠다. 그리고 불꽃 모양의 혀들이 나타나 갈라지면서 각 사람 위에 내려앉았다. 그러자 그들은 모두 성령으로 가득 차, 성령께서 표현의 능력을 주시는 대로 다른 언어들로 말하기 시작하였다.”(사도 2,1-4)

5. 성령의 다양한 은사

초대교회부터 교회 안에는 여러 가지 성령의 역사하심이 전해지고 있다. 그리고 그 은사도 다양하였다. 바오로 사도의 말씀을 들어보자.

“그리하여 어떤 이에게는 성령을 통하여 지혜의 말씀이, 어떤 이에게는 같은 성령에 따라 지식의 말씀이 주어집니다. 어떤 이에게는 같은 성령 안에서 믿음이, 어떤 이에게는 그 한 성령 안에서 병을 고치는 은사가 주어집니다. 어떤 이에게는 기적을 일으키는 은사가, 어떤 이에게는 예언을 하는 은사가, 어떤 이에게는 영들을 식별하는 은사가, 어떤 이에게는 여러 가지 신령한 언어를 말하는 은사가, 어떤 이에게는 신령한 언어를 해석하는 은사가 주어집니다. 이 모든 것을 한 분이신 같은 성령께서 일으키십니다. 그분께서는 당신이 원하시는 대로 각자에게 그것들을 따로따로 나누어 주십니다."(1코린12,8-11)

"성령의 열매는 사랑, 기쁨, 평화, 인내, 호의, 선의, 성실, 온유, 절제입니다. 이러한 것들을 막는 법은 없습니다."(가라 522-23)

"그 위에 주님의 영이 머무르리니 지혜와 슬기의 영, 경륜과 용맹의 영, 지식의 영과, 주님을 경외함이다."(이사11,1-2)

그러나 모든 은사 중에 가장 중요한 은사는 사랑의 은사이다.

예언을 하고, 기적을 하고, 병을 고치고 별별 은총을 받았다 하더라도 남을 사랑하는 마음이 없다면 그 모든 것은 자기과시나 오만의 늪에 빠지는 길이 되기 쉽다. 바오로 사도의 말씀은 너무나 분명하고 확신에 차 있다.

"사랑은 언제까지나 스러지지 않습니다. 예언도 없어지고 신령한 언어도 그치고 지식도 없어집니다. 우리는

부분적으로 알고 부분적으로 예언합니다."(1코린 11,8)

"그러나 이제 믿음과 희망과 사랑 이 세 가지는 계속됩니다. 그 가운데에서 으뜸은 사랑입니다."(1코린11,13)

6. 안수와 체험들 그리고 맺는 말

성령세미나 때 안수를 통해 여러 가지 은사를 체험한다. 지금까지 여러 차례 성령세미나를 지도하면서 경험한 안수 때의 반응은 참으로 사람의 얼굴 생김새만큼이나 다양하다고 생각된다.

@ 뜨거운 기운이 등줄기를 타고 내려왔다.

@ 혀가 저절로 움직이고 입술이 떨리면서 내가 알아들을 수도 없는 이상한 말이나 소리가 이 격렬하게 터져 나왔다. 그런가 하면 이상한 노래를 부르는 사람도 있다. 이는 '이상한 언어', '이상한 소리', '심령노래'라고 한다.

@ 자신이 알지도 못하는 이상한 글씨를 쓰는 사람도 있다.

@ 참을 수 없이 계속 눈물이 흐르는 사람도 있다.

@ 남편도 죽고 얼마 전에 딸도 잃은 엄마는, 참을 수 없는 웃음이 계속 나왔다.

@ 미신자인 남편이 "너 미쳤나?" 하는데도 계속 기쁨에 겨워 성가를 흥얼거리는 이도 있다.

@ 소금을 뿌린 미꾸라지처럼 마룻바닥에 마구 파닥거리며 구르는 이도 있다.

@ 소리를 크게 지르다 그냥 풀썩 넘어져 정신을 잃고 자는 사람도 있다. 이를 "성령 안의 안식"이라고 부르기도 한다. 그 동안 여러 가지 다양한 체험을 한다.

@ 어떤 이는 다리 팔 허리 등이 이상하게 꼬이면서 몸을 뒤틀기도 한다.

한 마디로, 모두가 다른 체험을 하는데, "어떤 체험, 어떤 은사가 좋다."고 말할 수 없는 것이다. 내 뜻과는 상관없이 일어나는 것이기에 모두가 다 성령께서 살아계시며 당신을 믿고 바라는 이에게 필요한 은사를 주시는 것임엔 틀림없다. 초대교회의 그 성령의 역사하심은 지금도 우리 안에서 계속되고 있는 것이다.

하느님 체험은 우리 인생에서 참으로 소중한 것이 아닐 수 없다. 눈에 보이는 이 현상 세계 너머에 하느님의 영(靈)의 역사, 하느님의 살아계심을 체험한 것이기에 말이다. (끝)